Inhalt

Der Sage nach soll eine Wölfin die späteren Gründer der Stadt Rom gesäugt und aufgezogen haben.

Wer waren die RÖMER?

Wer hat noch nicht von den alten Römern gehört, von ihren berühmten Feldherren wie Gaius Julius Caesar und ihren mächtigen Kaisern wie Augustus? Vielleicht warst du auch schon in Rom und hast ihr Erbe bestaunt? Die Römer herrschten über ein mächtiges Reich, das weit über das heutige Europa hinausging – das *Imperium Romanum*. Zahlreiche Schlachten mussten geschlagen, einheimische Stämme und Völker wie die Germanen und Kelten besiegt werden, um ein so großes Herrschaftsgebiet zu erschaffen und auch halten zu können.

Die Hauptstadt des Römischen Reiches war Rom in Italien. Von dort aus eroberten die Römer Stück für Stück angrenzende Gebiete. Bald gehörten alle Länder zwischen Portugal und Syrien, Großbritannien und Ägypten zu ihrem Reich.

Zwischen Rhein, Neckar und Mosel ist damals ziemlich viel passiert! Vom 1. Jahrhundert v. Chr. bis zum 5. Jahrhundert n. Chr. war die Macht der Römer im westlichen und südlichen Deutschland zu spüren. Heute liegen die römischen Gebiete in Nordrhein-Westfalen, Rheinland-Pfalz, Saarland, Hessen, Baden-Württemberg und Bayern. Zur Zeit der Römer aber waren sie Bestandteil von fünf Provinzen: Ein kleiner Teil von Bayern gehörte zur Provinz *Noricum*. Die Provinz vom Alpenvorland bis zur Donau nannten die Römer Raetien *(Raetia)*, Provinzhauptstadt war Augsburg. Ziemlich groß war Obergermanien *(Germania Superior)* mit seiner Provinzhauptstadt Mainz. Es umfasste die heutigen Bundesländer Rheinland-Pfalz, den südlichen Teil Hessens, das Saarland, Baden-Württemberg, Teile der Schweiz und Frankreichs. Niedergermanien *(Germania Inferior)* erstreckte sich vom westlichen Nordrhein-Westfalen mit der Provinzhauptstadt Köln bis in die Niederlande. Die Hauptstadt der Provinz *Gallia Belgica*, zu der Teile Frankreichs, der Schweiz, Belgiens und von Rheinlandpfalz gehörten, war zunächst Reims und dann Trier.

Weit über den Stiefel Italiens hinaus reichte das Römische Reich.

Die Römer bei uns

Zum ersten Mal eroberten die Römer während der Gallischen Kriege unter Caesar um die Mitte des 1. Jahrhunderts v. Chr. Gebiete links des Rheines, also im westlichen Deutschland. Unter dem Kommando von Drusus und Tiberius, den Adoptivsöhnen des Augustus, sicherten sie sich die Gebiete unmittelbar nördlich der Alpen. Von hier und vom Rhein aus wollte man in den folgenden Jahren Germanien bis zur Elbe erobern.

Sicher hast du schon einmal von der „Varusschlacht" gehört. In dieser Schlacht erlebten die Römer um 9 n. Chr. im „Teutoburger Wald" bei Kalkriese einen herben Rückschlag. Drei römische Legionen des Oberbefehlshabers Varus wurden von den germanischen Truppen vernichtet! Das war zu viel für die Römer, sie gaben die weitere Eroberung Germaniens auf. Erst um 45 n. Chr. begannen sie wieder nach und nach mit einer Besetzung von Teilen Germaniens, darunter Südwestdeutschland.

„Die Götter wollen, dass Rom das Haupt der Welt sein wird, deshalb sollen sie die Kriegskunst pflegen … und ihren Nachkommen überliefern, damit keine menschliche Macht römischen Waffen widerstehen kann."

Der römische Historiker Livius zum Kriegswesen der Römer.

Kaiser Augustus, der Adoptivsohn des großen Feldherrn Caesar, gelang mithilfe seiner Adoptivsöhne Tiberius und Drusus ein wichtiger Erfolg. Sie sicherten die Passstraßen über die Alpen, über die sie ihre Truppen viel schneller als bisher im römischen Deutschland in Stellung bringen konnten.

SCHON GEWUSST ?

Mit der Besetzung kam die römische Lebensweise in die Gebiete nördlich der Alpen. Die einheimische Bevölkerung passte sich schnell an die neue Kultur an, sei es in der Sprache, beim Essen oder Wohnen. Dies nennt man heute Romanisierung.

Um 160 n. Chr. waren weite Teile Südwestdeutschlands unter römischer Herrschaft. Zur Markierung der nördlichen Grenze des Römischen Reiches und zur Kontrolle des Waren- und Personenverkehrs bauten die Römer einen Grenzweg, den Limes. Entlang des Limes wurden in regelmäßigen Abständen Wachtürme errichtet. In noch späterer Zeit erweiterten die Römer den Limes zum Teil mit einer Holzpalisade, einem hohen Wall, einem tiefen Graben oder mit einer Steinmauer. Truppenlager und Wachtürme sorgten für die nötige Abschreckung von unerwünschten Eindringlingen: Bei Gefahr konnte die Besatzung der benachbarten Wachtürme und der Militärlager (Kastelle) durch Reiter oder Feuer-, Rauch- sowie Hornsignale gewarnt werden.

Doch ab dem Jahr 233 n. Chr. bis zum Ende der Herrschaft der Römer in Deutschland war für die Menschen in den Provinzen die Gefahr von kriegerischen Angriffen allgegenwärtig. Germanen fielen immer wieder in römische Gebiete ein, plünderten und brandschatzten.

Der Limes war in regelmäßigen Abständen mit Wachtürmen besetzt, von denen aus die Soldaten schon aus der Ferne Angreifer erkennen konnten.

Wie erforscht man römische Siedlungen?

Moderne Technik hilft den Archäologen dabei, Gegenden, in denen man Überreste von den Römern vermutet, zu erkunden. Vom Flugzeug aus sind auf freien Flächen, also Äckern und Wiesen, Strukturen gut erkennbar. Kleine Hügel und Täler, Verfärbungen im Boden oder Veränderungen im Pflanzenbewuchs weisen oft auf eine von Menschen geschaffene Bebauung hin. Straßen, Brunnen, Mauern und ganze Häuser kann man so schon erkennen, ohne den Spaten zu benutzen.

Reste römischer Siedlungen finden sich meist inmitten unserer heutigen Städte, die häufig seit der Römerzeit durchgehend bewohnt sind. Deshalb wird beim Bau von neuen Häusern, Tiefgaragen und Leitungen besonders darauf geachtet, solche Reste nicht zu übersehen und sie zu dokumentieren.

Mit Spaten, Kelle und auch Pinsel machen sich die Archäologen an die Arbeit. Jeder Schritt muss beim Ausgraben festgehalten werden: Die verschiedenen Schichten des Bodens, in denen sich Mauerreste, Gefäßscherben, Münzen und Ziegel befinden, werden deshalb ganz genau gezeichnet und fotografiert.

In den verschiedenen Erdschichten verbergen sich archäologische Funde. Je tiefer man gräbt, desto älter können die Funde werden.

Archäologen bei der Arbeit: Vorsichtig werden die Funde freigelegt.

Das große Vorbild ROM

Wer kennt sie nicht – die ewige Stadt Rom mit ihren Tempeln, Theatern und Badeanlagen! Die Hauptstadt des *Imperium Romanum* wurde in der Kaiserzeit von keiner anderen Stadt an Pracht und Glanz übertroffen. Dabei fing das große Rom sehr klein an: Als die ersten Menschen dort siedelten, war das spätere Zentrum der Stadt bedeckt von einem riesigen Sumpfgebiet, umringt von sieben Hügeln. Erst nach der Entwässerung durch Kanäle konnte eine kleine Siedlung errichtet werden. Schon früh entstand ein Marktplatz, ein so genanntes *forum*. Rom entwickelte sich langsam zu einer Stadt der Superlative. Mit seinen prächtigen Bauwerken, der fortschrittlichen Wasserversorgung und dem Straßennetz galt Rom als Vorbild für alle weiteren Städte in Italien und den Provinzen und übte auf alle Bewohner des riesigen Reiches eine große Anziehungskraft aus. Deshalb wurde in den Provinzstädten die Zugehörigkeit zum Römischen Reich und die Anpassung an die römische Kultur und Lebensweise – kurz, das „Römisch-Sein" – durch die Nachahmung der wichtigsten Bauten und des technischen Standards ausgedrückt.

„Die erste unter den Städten, das Haus der Götter, das ist das goldene Rom."

Der römische Dichter Ausonius im 4. Jahrhundert n. Chr. zur Bedeutung Roms.

Das Kolosseum – Wahrzeichen der Stadt Rom.

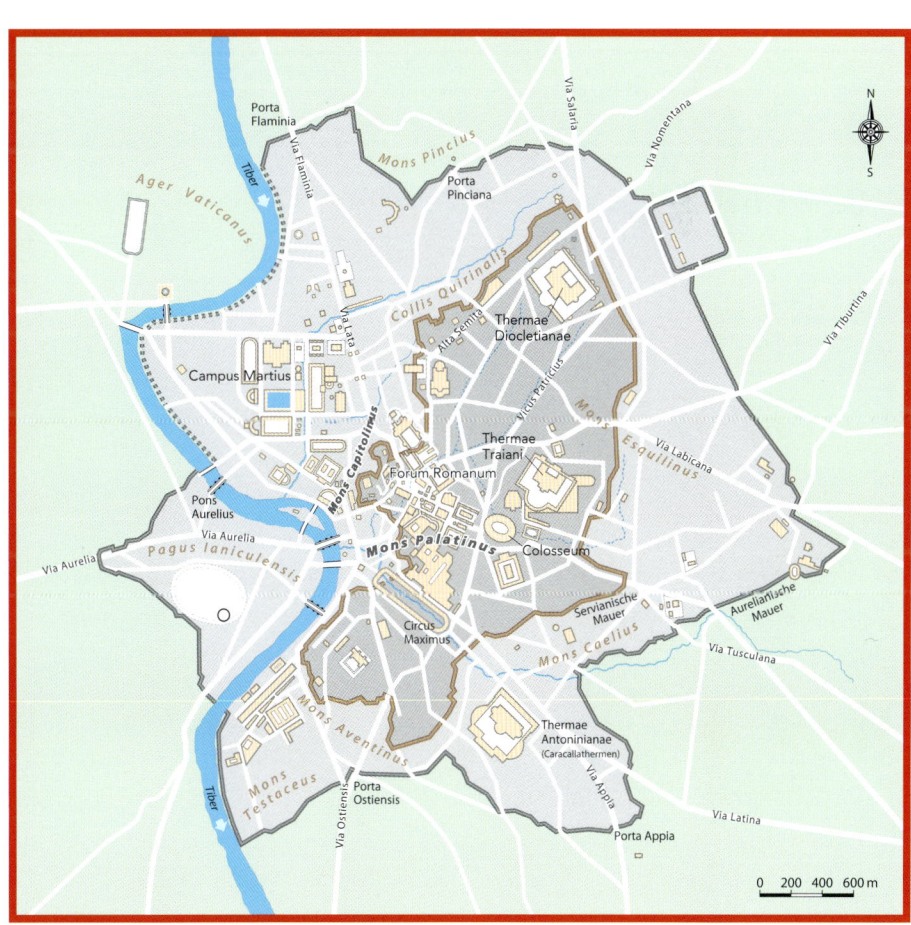

Das Stadtmodell zeigt Rom mit all seinen gewaltigen Prachtbauten am Anfang der Spätantike zur Zeit Kaiser Konstantins.

Schon unter Kaiser Augustus wurde in Rom ein reges Bauprogramm gestartet. Auch die Kaiser nach ihm sorgten oft mit prächtigen Gebäuden, Parkanlagen und Vergnügungsstätten für das Wohl und die Unterhaltung der Bürger und dadurch natürlich auch dafür, dass sie lange (mitunter bis heute!) in Erinnerung blieben. Zusätzlich stifteten einflussreiche Bürger Statuen oder trugen finanziell zur Errichtung oder Renovierung öffentlicher Bauten bei.

Das weithin sichtbare Amphitheater Roms, das Kolosseum, in dem bei den Römern die Gladiatorenkämpfe stattfanden, war nur einer von unzähligen Prachtbauten. Noch heute gilt es als Wahrzeichen der Stadt.

So groß war das antike Rom!

Römische Städte in Deutschland

In jedem Gebiet, das die Römer neu erobert hatten, lebten natürlich nicht nur Soldaten, sondern auch viele andere Menschen. Oftmals bildeten sich in der Nähe von Kastellen und an wichtigen Verkehrswegen kleinere Siedlungen, sogenannte *vici*. Zogen die Truppen ab, blieben manche Siedlungen auch weiterhin bestehen. Das waren meist diejenigen, die sich zu wichtigen Mittelpunkten in der Gegend entwickelt hatten. Einige wenige von ihnen wurden als Sitz der Bezirksverwaltung mit größeren öffentlichen Gebäuden weiter ausgebaut. Die Versorgung der Truppenlager und der Bevölkerung der *vici* mit Getreide und anderen Lebensmitteln stellten die großen Gutshöfe in der Umgebung, die *villae rusticae*, sicher.

Von *vici* bis zu Provinzhauptstädten, entlang des Limes entstanden Siedlungen aller Art.

Der Limes

- ■ Legionslager
- ■ Kastell
- ● Provinzhauptstadt
- ● Stadt
- ⋯⋯ Limesverlauf
- --- Provinzgrenze
- — Hauptstraße
- ✕ Schlacht

Kalkriese ✕
Varusschlacht
(9 n. Chr.)

Cherusker

Brukterer

Haltern
Aliso
Lippe (Lupia)

Weser

Visurgis

Xanten
Castra Vetera

Sugambrer

Neuß
Novaesium

Köln
Colonia Claudia
Ara Agrippinensium

Bonn
Bonna

GERMANIA
INFERIOR

Chatten

GERMANEN

Rhein (Rhenus)

Mainz
Mogontiacum

Main (Moenus)

Trier
Augusta Treverorum

GALLIA BELGICA

Worms
Borbetomagus

Speyer
Noviomagus

Hermunduren

Markomannen

GERMANIA SUPERIOR

Regensburg
Castra Regina

Baden-Baden
Aquae

Nassenfels
Vicus Scuttarensis

N
W O
S

Heidenheim
Aquileia

Straßburg
Argentorate

Rhein (Rhenus)

Rottenburg
Sumelocenna

Faimingen
Phoebiana

Augsburg
Augusta Vindelicum

Rottweil
Arae Flaviae

Donau (Danuvius)

RAETIA

NORICUM

RÖMER

Salzburg
Iuvavum

Kempten
Cambodunum

VIA CLAUDIA
AUGUSTA

Augst
Augusta Rauricorum

Bodensee
(Lacus Venetus)

Bregenz
Brigantium

0   100 km

© Theiss Verlag/Peter Palm

Ortsnamen damals und heute

Auf der Karte siehst du die römischen Ansiedlungen nahe des Limes im heutigen Deutschland. Ob groß, ob klein, ob Legionslager oder Provinzhauptstadt – einige von diesen haben sich bis heute weiterentwickelt. Vielleicht kennst du ein paar Orte?

Lateinische Ortsbezeichnung	Moderner Stadtname
Arae Flaviae	Rottweil
Augusta Treverorum	Trier
Colonia Ulpia Traiana	Xanten
Colonia Claudia Ara Agrippinensium	Köln
Augusta Vindelicum	Augsburg
Mogontiacum	Mainz
Aquae	Baden-Baden

SCHON GEWUSST?

Einige Ortsnamen haben die Römer nicht selbst erfunden, sondern aus Sprachen anderer Völker entlehnt. So entstammen zum Beispiel die Bezeichnungen **Lopodunum** (Ladenburg), **Noviomagus** (Speyer) oder **Sumelocenna** (Rottenburg) dem keltischen Wortschatz.

Stadt ist nicht gleich Stadt

Die Römer kannten viele verschiedene Begriffe für ihre Siedlungen: *vicus, colonia* oder *municipium*. Jedoch war nicht jede römische Siedlung eine Stadt. Da halfen weder eine hohe Einwohnerzahl noch eine eindrucksvolle Stadtmauer mit Toren und Wachtürmen, die nicht nur der Verteidigung diente, sondern gleichzeitig jedem Besucher den Reichtum der Siedlung vor Augen führte. Denn nur eine reiche Siedlung konnte sich das Material und die Handwerker für solch ein gewaltiges Bauvorhaben leisten. Eine Stadt im Sinne der Römer musste das vom Kaiser verliehene Stadtrecht haben. Und das besaßen nur Municipien und Kolonien.

Ein *vicus* war ein kleines Dorf entlang einer Straße oder vor einem Kastell, konnte aber auch ein Viertel einer größeren Stadt sein. Selbst wenn ein *vicus* größer wurde und von außen wie eine Stadt ausgesehen haben mag, so fehlte ihm das formale Stadtrecht. Deshalb war er in rechtlicher Hinsicht einer Verwaltungseinheit, einer *civitas*, zugeordnet.

Eine Straße und ein paar Häuschen – fertig war ein *vicus*!

Der Reichtum des *civitas*-Hauptortes Ladenburg zeigt sich in seinen öffentlichen Gebäuden, zu denen auch ein Theater mit 5.000 Sitzplätzen gehörte. Hier haben sich die Spender und Förderer des Großbaus im Stein verewigt: Diese Stufe nennt einen Pompeianus.

Die Römer verwendeten den Begriff *civitas* für viele verschiedene Arten von Gemeinwesen. Jede *civitas* hatte einen Hauptort, der mit öffentlichen Bauten, zum Beispiel Forum und Theater, wie eine Stadt ausgesehen haben mag. Dennoch hatte er ohne römisches Stadtrecht rechtlich gesehen nur den Status eines *vicus*. Die *civitates* wurden häufig nach den Stammesgemeinden bezeichnet, die dort lebten. So war Ladenburg der Hauptort der *civitas Ulpia Sueborum Nicrensium*, der Heimat der Neckar-Sueben.

Unter den römischen Städten war der Rang als Kolonie (*colonia*) besonders begehrt, denn er wurde vom Kaiser als höchste Form des Stadtrechts verliehen. Er brachte wichtige Vorteile mit sich: Kolonien durften sich eigenständig verwalten, wie ihr großes Vorbild Rom. Auch besaßen seine Einwohner meist das römische Bürgerrecht, das zum Beispiel Steuervergünstigungen gewährte. In Kolonien siedelten häufig Veteranen, die zur Festigung der römischen Herrschaft in den besetzten Gebieten wesentlich beitrugen.

Im Gegensatz zur Kolonie waren Municipien (*municipia*) häufig keine Neugründungen, sondern wuchsen zum Teil aus bereits bestehenden Gemeinden, in denen Einheimische und Römer zusammenlebten. Mit dem Erhalt des Titels bekamen sie zwar das Stadtrecht, jedoch waren damit nicht ganz so viele Sonderrechte wie bei den Kolonien verbunden.

Vermessen und Planen

Wenn es das Gelände erlaubte, wurde bei römischen Neugründungen auf ein gitterförmiges Straßennetz geachtet. Oft legte man zwei sich kreuzende Hauptstraßen an, den *cardo maximus* (Nord-Süd-Achse) und den *decumanus maximus* (Ost-West-Achse). Von diesen konnten weitere Seitenstraßen abzweigen, sodass ein Schachbrettmuster aus Straßen entstand. Erst nach der Vermessung und Festlegung der Hauptachsen durch kaiserliche Inspektoren und Landvermesser war es möglich, auch die Standorte für zentrale Plätze, die Tempel und die übrigen öffentlichen Gebäude, Wohnblöcke und private Grundstücke im Inneren der Stadt einzuteilen. Zur Sicherung der Grundstücksgrenzen stellten die Römer Grenzsteine auf, deren Position unter Androhung harter Strafen rechtlich geschützt war.

Siedlungen entwickelten sich auch im Vorfeld von Kastellen. Wurden die Militärlager von den Truppen verlassen und vergrößerte sich die Siedlung weiter, so verleibten sie sich oft das Gelände des ehemaligen Kastells ein. Das gitterförmige Straßennetz der Kastelle wurde häufig weitergenutzt.

Ein hypothetischer Nachbau einer Groma.

Mit der Groma konnte man über größere Entfernungen hinweg rechte Winkel, zum Beispiel für ein Straßennetz, anlegen. Sie bestand aus einem langen Stab, auf den ein drehbares Eisen- oder Holzkreuz aufgesteckt wurde. Die Arme des Achsenkreuzes waren im rechten Winkel zueinander befestigt. An jedem der vier Enden wurden Gewichte an Schnüren angebracht, damit diese straff gespannt herabhingen. Mithilfe der senkrechten Lotschnüre konnte der Landvermesser nun eine bestimmte Richtung anvisieren und den rechten Winkel zu dieser abstecken.

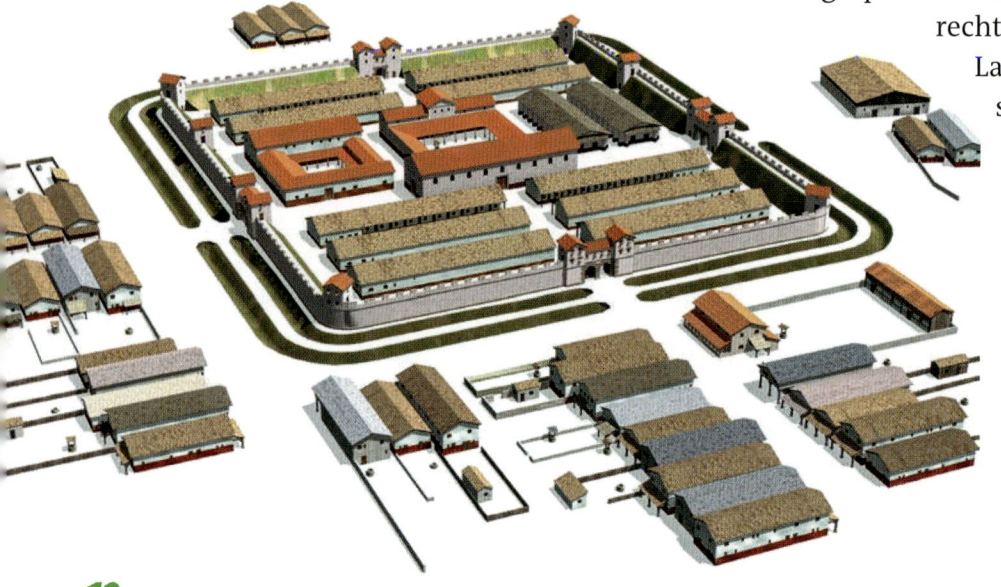

Das Modell eines typischen Kastells mit vorgelagertem *vicus* zeigt die strenge Aufteilung von Gebäuden und Straßen.

So kannst du dir eine Opfergabe vor einem gallo-römischen Umgangstempel vorstellen.

Typische Bauwerke einer römischen Stadt

Die „Häuser" für die Götter gehörten auf jeden Fall zu den wichtigsten Gebäuden einer römischen Stadt. Die Römer verehrten eine Vielzahl an Gottheiten, die jeweils für verschiedene Lebensbereiche zuständig waren. Teilweise wurden auch fremde Gottheiten in die Glaubenswelt aufgenommen wie die keltische Göttin Epona oder der orientalische Sonnengott Mithras, um den sich bei den Römern ein geheimnisvoller Kult entwickelte. Die Götter erfuhren Verehrung in Tempeln und an Altären, ihnen wurden Opfer dargebracht und Statuen geweiht. Dabei war die Einstellung des römischen Volkes zu ihren Göttern eine sehr praktische: Ganz nach dem Prinzip *do, ut des* („ich gebe, damit du gibst") erwartete man für eine bestimmte Opfergabe eine genau festgelegte Gegenleistung.

Aber auch der Kaiser wurde verehrt! Er galt als Stellvertreter des obersten Himmelsgottes Jupiter auf Erden, war selbst aber kein Gott. In dieser Form wurde er an Festtagen verehrt und es wurde für das Heil des Kaisers gebetet. In zahlreichen Provinzhauptstädten gab es Einrichtungen für den Kaiserkult, die oft in den Städtenamen schon darauf hinweisen, wie im Fall von *Arae Flaviae* (Rottweil), was übersetzt die „flavischen Altäre" heißt.

Die Tempel waren Mittelpunkte des religiösen Lebens. Neben Heiligtümern und Altären für die Schutzgottheiten der Stadt und zahlreiche andere Götter stand in der Regel auf oder neben jedem Forum ein zentrales Heiligtum für die kapitolinische Trias.

Jeder römische Tempel besaß einen Innenraum für das Kultbild, die *cella*. Der Tempel war außerdem auf einem hohen Podium errichtet und mit Säulen geschmückt. Davor befand sich ein Altar, an dem den Göttern Opfergaben dargebracht wurden. Dazu gehörten unter anderem Tiere wie Schweine oder Rinder, Flüssigkeiten wie Wein und Wasser, Weihrauch und andere Duftstoffe. In den germanischen und gallischen Provinzen findet sich häufig der gallo-römische Umgangstempel, der durch eine Vermischung einheimischer und römischer Bautraditionen entstand und ebenerdig war.

Die Kapitolinische Trias („Dreiheit"):
Jupiter: Oberster Gott, Herrscher über Himmel und Wetter
Juno: Jupiters Ehefrau, Göttin der Geburt und der Ehe
Minerva: Jupiters Tochter, Göttin der Weisheit, des Handwerks und des Krieges

Das Leben in einer römischen Stadt spielte sich vor allem draußen auf den Straßen und Plätzen ab. Im Stadtkern lag das *forum*, ein großer Platz mit Verwaltungsgebäuden, einem Haupttempel und Marktständen. Das *forum* bildete das Zentrum für politische, verwaltungstechnische, geschäftliche und religiöse Angelegenheiten. Es war aber auch ein Treffpunkt, um Nachrichten auszutauschen und zu plaudern.

Umgeben war das Forum meistens von einem überdachten Säulengang *(porticus)*, in dem offene kleine Räume lagen, die *tabernae*. Darin waren Geschäfte, Büros, Kneipen und Werkstätten untergebracht. An einer Seite des Forums stand meist die Basilika. Diese große Halle ist durch Säulenreihen in mehrere Schiffe unterteilt. Hier fanden Gerichtsverhandlungen und Handelsgeschäfte statt. An die Basilika war ein Versammlungsraum angefügt, die *curia*, in der der Stadtrat tagte.

Am Stadtrand und damit weit weg vom prächtig gestalteten Zentrum befanden sich die Gebäude von übel riechenden oder gefährlichen Handwerkszweigen, wie Gerbereien und Schmieden. Friedhöfe lagen außerhalb der Stadtmauern an den Ausfallstraßen.

Modernste Computertechnik macht es möglich, die Basilika von Riegel in dreidimensionaler Pracht auferstehen zu lassen. Da vom angrenzenden Forum nur spärliche Gebäudereste nachzuweisen sind, ist die Nachbildung des *porticus* nicht gesichert.

Die Rekonstruktion der Thermen in Xanten geben einen hervorragenden Eindruck von der einstigen Pracht des römischen Badewesens.

Jede Stadt besaß mindestens eine öffentliche Badeanstalt, sogenannte Thermen. Mehrmals in der Woche reinigte man sich dort mit Öl und Wasser, betrieb Freiluftsport und unterzog sich kosmetischen oder medizinischen Behandlungen. Männer und Frauen besuchten die Thermen getrennt zu unterschiedlichen Tageszeiten. Wie unsere heutigen Freizeitbäder waren die antiken Badeanstalten ein sehr beliebter Treffpunkt unter Freunden, um auszuspannen, aber auch, um Geschäfte abzuschließen. Daneben konnte man sich auf einem offenen Hof, der *palaestra*, sportlich ertüchtigen.

Nicht nur in Rom, sondern auch in der Provinz erfreute man sich an Spektakeln jeder Art wie Theaterdarbietungen, blutige Tierhatzen, Gladiatorenkämpfe und Wagenrennen. In den großen Städten gab es dafür Bauten aus Stein: In halb-

runden Theatern genoss man Schauspiele, rundovale Amphitheater unterhielten mit blutigen Kämpfen und in langgestreckten Circusanlagen konnte man seinem Lieblingsrennstall zujubeln. In kleineren Siedlungen wurden diese Gebäude manchmal nur aus Holz erbaut, weshalb sie heute nicht mehr erhalten sind. Aber meistens errichtete man für solche Veranstaltungen auch einfach nur schnell zusammengezimmerte Tribünen auf einem zentralen Platz, die man später wieder entfernte.

RÖMERDETEKTIVE GEFRAGT!

Kennst du dich mit den wichtigsten römischen Bauwerken aus? Ordne die Gebäude richtig zu, indem du die Kästchen in der entsprechenden Farbe anmalst.
Tipp: Der Text hilft dir dabei weiter.

→ Forum ☐

→ Haupttempel ☐

→ Amphitheater ☐

→ Theater ☐

→ Thermen ☐

→ Grabbauten ☐

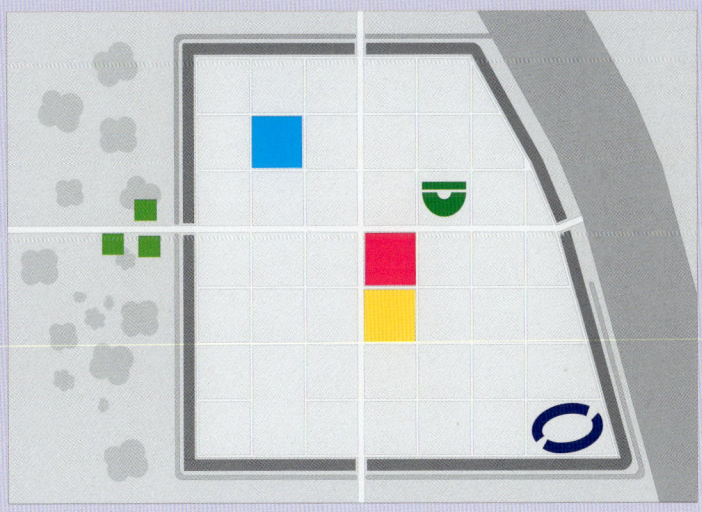

Bauen wie die Römer

Die Wohngebäude im römischen Deutschland waren meistens in Lehmfachwerk oder Stein errichtet – oft in einer Mischung aus beidem – und die Dächer mit gebrannten Ziegeln gedeckt.

Die römischen Bauleute erfanden schon vor über 2.000 Jahren eine Art Beton, das *opus caementicium*. Dieses Gemisch aus Kalk, Kies und Wasser wurde in eine Verschalung aus Ziegeln oder Steinen gefüllt. War der Beton ausgehärtet, wurde die Konstruktion verputzt und teilweise bemalt. Das *opus caementicium* war viel leichter als massive Steine und trotzdem überaus stabil. Auf diese Weise war es möglich, große Räume monumentaler Großbauten mit Gewölben zu überspannen.

Bögen konnten auch ganz ohne Zement errichtet werden. Damit das Ganze aber nicht wie ein Kartenhaus in sich zusammenfiel, musste man sorgfältig darauf achten, dass die Steine sich gegenseitig stützten und genau aufeinander passten. Erst die Einfügung des Schlusssteins am höchsten Punkt des Bogens gab der ganzen Konstruktion dann den nötigen Halt.

Für Steinbauten benutze man Naturstein aus einheimischen Steinbrüchen, wie zum Beispiel aus dem heute noch sichtbaren Diorit-Steinbruch im Odenwald. Luxusmaterialien wie Marmor oder buntes Gestein mussten hingegen aus oft weit entfernten Steinbrüchen importiert werden. Daher statteten die reichen Römer ihr Haus vor allem im Inneren mit Marmor aus, denn Marmor galt als Statussymbol! Ziegel für militärische und öffentliche Gebäude wurden zum großen Teil von den Soldaten gefertigt, während die Bevölkerung sich an private Ziegeleien wandte.

Der Schlussstein ist der wichtigste Stein im Bogen!

Bauarbeiter errichten ein Gebäude aus Ziegeln: Der rechte mischt den Mörtel, der linke bringt Ziegelnachschub. Auf der Leiter transportiert ein dritter die Ziegel nach oben, wo sie schließlich vermauert werden.

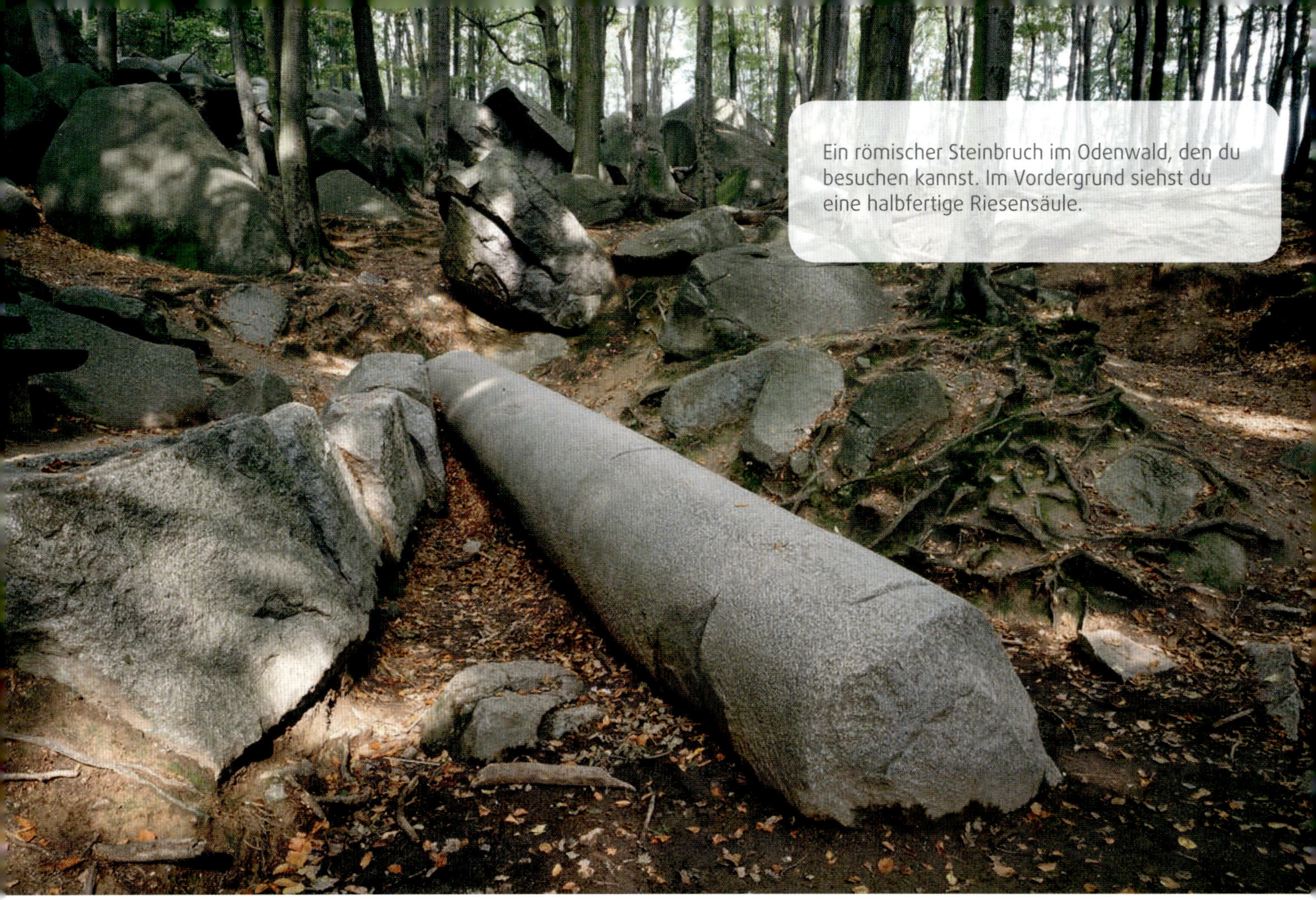

Ein römischer Steinbruch im Odenwald, den du besuchen kannst. Im Vordergrund siehst du eine halbfertige Riesensäule.

Zum Anheben schwerer Lasten wurden Flaschenzüge und Kräne konstruiert. Beim Flaschenzug wird die benötigte Kraft dadurch vermindert, dass ein aufgehängtes Seil über mehrere Rollen läuft und so ein zentnerschwerer Stein plötzlich ganz leicht wird. Vielleicht hast du das selbst schon einmal ausprobiert, denn die gleichen Konstruktionen werden heute noch oft auf Baustellen verwendet. Kräne waren im Prinzip ebenfalls Flaschenzüge, die zusammen mit einer Winde in ein stabiles Gerüst eingebaut wurden. Teilweise wurden sie mit einem Laufrad betrieben, was die Leistung nochmals steigerte.

Die meisten Bauwerkzeuge, die wir heute kennen, gab es auch schon bei den Römern wie Maurerkellen, Meißel, Bohrer oder Sägen. Zum genauen Aufeinanderpassen von Steinblöcken und Ziegeln benutzte man Lote, Lineale und Winkel.

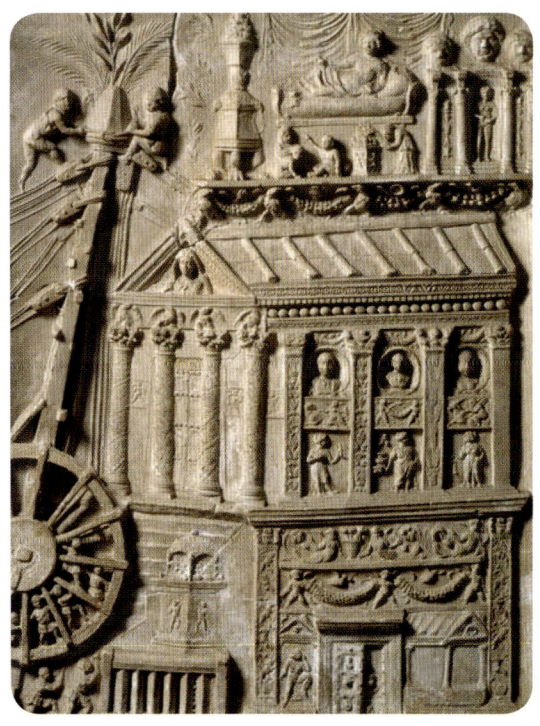

Mit einem derartigen Hochleistungskran gelang es den Römern, schwere Steinblöcke hochzuheben.

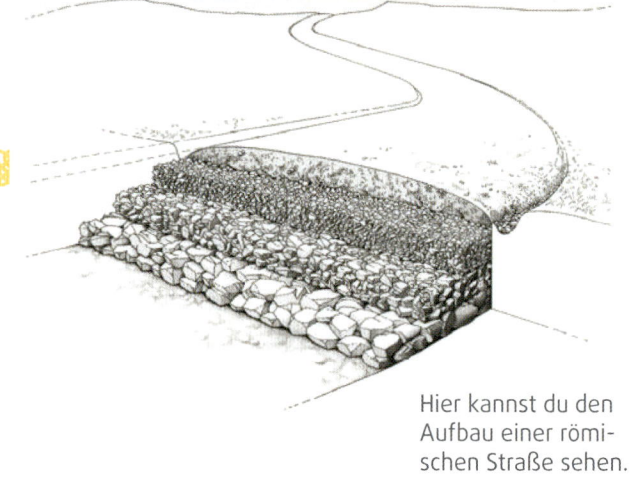

Hier kannst du den Aufbau einer römischen Straße sehen.

Römische Straßen

Kannst du dir ein Leben ohne Autobahnen oder Landstraßen vorstellen? Dann wäre es doch sehr mühsam von A nach B zu kommen. Genau deshalb hatten auch schon die Römer ein weitreichendes, dichtes Straßennetz angelegt, das einen Umfang von fast 100.000 Kilometern hatte!

Teile der Via Appia, eine der Ausfallstraßen Roms, sind heute noch in ihrem antiken Zustand erhalten.

Auf diesem Meilenstein ist zuerst der amtierende Kaiser mit all seinen Ehrentiteln genannt, darauf die Entfernungsangabe: „Von *Cambodunum* (Kempten) 11 Meilen". Eine römische Meile beträgt 1.478 m.

Und so bauten sie ihre Straßen: Eine etwa drei bis sechs Meter breite Rinne wurde ausgehoben und mit einem festen Unterbau aus Steinen, Mörtel und Kies gefüllt. Darüber kam der eigentliche Straßenbelag. In der Gegend um Rom waren Straßen oft mit großen Steinen gepflastert, in der Provinz bestanden sie meist aus Kies. Durch die leichte Wölbung der Straße konnte das Wasser in die seitlichen Gräben abfließen. Der Bau der Fernstraßen wurde vom Kaiser in Auftrag gegeben.

Am Straßenrand waren in regelmäßigen Abständen Meilensteine aufgestellt, die wie ein modernes Straßenschild die Entfernungen zum nächst gelegenen größeren Ort anzeigten. Staatliche Kuriere und Transporte konnten in Wechselstationen schnell ihre Pferde tauschen und in staatlichen Rasthäusern übernachten. Privatreisenden und Händlern war das jedoch untersagt. Sie mussten in privaten Herbergen, die meist in der Nähe größerer Siedlungen lagen, unterkommen.

Tagtäglich wimmelte es in den Straßen einer römischen Stadt nur so von Menschen und Händlern.

Für die Straßennutzung in den römischen Städten galten sehr strenge Regeln! So belegen Schriftquellen für Rom, dass die Besitzer der angrenzenden Häuser verpflichtet waren, die innerstädtischen Straßen aus eigener Tasche pflastern zu lassen und instand zu halten. Die Einhaltung dieser Pflicht wurde von städtischen Beamten streng kontrolliert.

Viele Fuhrwerke mit ihren unterschiedlichen Ladungen konnten in den teilweise engen Straßen Roms ein riesiges Verkehrschaos verursachen. Deshalb wurde in Rom ein Tagfahrverbot für Gespanne erlassen. Tagsüber durften dann nur noch Transporte, die Material für öffentliche Bauarbeiten lieferten, in die Stadt fahren. Auch Reiter waren verboten. So ging man entweder zu Fuß oder ließ sich, wenn man es sich leisten konnte, von seinen Sklaven in einer Sänfte tragen. Die Straßen hatten oft Bürgersteige und teilweise auch erhöhte Trittsteine. Diese dienten dazu, trockenen Fußes über die verschlammte und mit Unrat verschmutze Straße zu gelangen.

Für die Verhältnisse in den Städten der Provinzen ist es oft schwer, Quellen zu finden. Daher muss man sich nicht selten auf die Vermutung verlassen, dass die Regeln, die für Rom bekannt sind, auch im restlichen Römischen Reich Gültigkeit besaßen.

SCHON GEWUSST?

Wegzeiten damals und heute

Von – nach	Heute (Auto)	Römerzeit (*birota* = zweirädriger Pferdewagen)
Stuttgart – Rom	12 Stunden	20 Tage, 7 Stunden
Stuttgart – Köln	3,5 Stunden	6 Tage, 19 Stunden
Stuttgart – Augsburg	1,5 Stunden	2 Tage, 21 Stunden

Der städtische Handel

Das Warenangebot in einer römischen Stadt ließ kaum etwas zu wünschen übrig. Auf den Märkten, in den Straßenläden und bei den Verkaufsständen schrien sich die Händler heiser, um ihre Güter anzupreisen. Das waren in der Regel alltägliche Lebensmittel wie Getreide, Gemüse, Obst, Fleisch oder Fisch. Gebrauchsgegenstände wie Kochtöpfe, Schuhe, Werkzeuge oder einfache Kleidung konnte man oft direkt bei den Handwerkern kaufen.

Über das weitverzweigte römische Straßennetz und die Schifffahrtswege war es möglich, fremdländisches Essen und andere Luxuswaren aus fernen Provinzen und von außerhalb des Reiches herbeizuschaffen. Olivenöl und die begehrte würzige Fischsauce *(garum)* kamen aus den Mittelmeerländern, exotische Gewürze aus Arabien und Indien, Austern aus dem Atlantik. Auch Glas, Marmor und edles Tafelgeschirr waren beliebte Importgüter.

Die Karte zeigt die wichtigsten Waren und Handelsrouten im Westen des Römischen Reiches.

Römerspeise selbst gemacht

Ein typisches Merkmal für die römische Küche war der Gegensatz von süß und salzig. Für unseren Gaumen ist das manchmal etwas gewöhnungsbedürftig. Deshalb könnt ihr bei dem nachfolgenden Rezept auch das Salz und den Pfeffer weglassen. Wenn ihr aber mutig seid, dann probiert es aus!

Gefüllte Datteln

Zutaten für 4 Personen:
12 große Datteln
12 Walnusskerne, Mandeln oder ähnliche Nüsse
2 EL flüssiger Honig
grobes Salz und Pfeffer

Ein Korb voll köstlicher Datteln.

So wird es gemacht:
Den Kern aus den Datteln entfernen und je eine Nuss hineindrücken.
Die Dattel pfeffern.
Den Honig über die Datteln träufeln, anschließend mit grobem Salz bestreuen.

Preise und Löhne

Ein Lohnarbeiter verdiente im 1. Jahrhundert n. Chr. pro Tag etwa einen Denar (= 16 Asse). Nimmt man an, dass die billigste Nahrungsversorgung pro Tag zwei Asse kostete, ist dieser Lohn recht knapp bemessen. Schließlich brauchte man auch noch Geld für Miete, Kleidung und andere Dinge. Im Jahr 301 n. Chr. setzte Kaiser Diocletian deshalb Höchstpreise für Waren und Löhne fest, um Missstände in der Wirtschaft zu beheben.

Ein Ochsenkarren bringt ein großes Fass in die Stadt. Darüber siehst du den Laden, für den das Fass bestimmt ist.

Nicht erst wir sparen für schöne Dinge – schon die Römer hatten Spardosen!

Als Transportbehälter für flüssige Waren dienten solche Amphoren aus Ton, in den gallischen und germanischen Provinzen aber auch die leichteren und mehr fassenden Holzfässer.

RÖMERDETEKTIVE GEFRAGT!

So sahen die Preise und Löhne aus, die Kaiser Diocletian festlegte, damit die Kosten für Lebensmittel nicht ins Unermessliche stiegen:

Lebensmittel		Preis (in Denaren)
17,5 Liter	Weizen	100
1 Pfund	Schweinefleisch	12
5 Köpfe	Salat	4
4	Eier	4
1 Pfund	Käse	12

Beruf	Lohn (in Denaren)
Maurer pro Tag	50
Mosaikarbeiter pro Tag	60
Friseur pro Kunde	2
Grundschullehrer pro Schüler, monatlich	50
Hochschullehrer pro Schüler, monatlich	250

Rechne aus: Wie viele Personen hättest du als Friseur im alten Rom verschönern müssen, um zehn Köpfe Salat zu kaufen?

_____

Wasser, Müll und Sauberkeit

Ohne Wasser gibt es kein Leben. Deshalb musste man sich auch schon in der Antike vor allem für die großen Städte ein gut durchdachtes System zur Wasserversorgung überlegen.

Die Weltstadt Rom wurde von elf Wasserleitungen, den Aquädukten, mit frischem Quellwasser versorgt. Sie bestanden aus abgedichteten, gemauerten Steinkanälen, die zur Überwindung von Tälern auf brückenähnlichen Konstruktionen geführt wurden. Musste ein Berg überwunden werden, durchtunnelte man ihn. Von den Aquädukten gelangte das Wasser in Sammelbecken und von dort über verschiedene Verteiler durch Ton-, Holz- oder Bleirohre an seine Bestimmungsorte: Einerseits ging es an öffentliche Einrichtungen wie Thermen oder Toiletten. Andererseits versorgte es öffentliche Trinkwasserbrunnen und schließlich reichere Privathaushalte, die eine eigene Wasserzufuhr hatten, mit frischem Wasser.

Auch in den größeren Städten der gallischen und germanischen Provinzen funktionierte die Wasserversorgung nach dem Vorbild Roms. Das antike Köln wurde von der Eiffelwasserleitung gespeist, die eine beachtliche Länge von 95 Kilometern aufwies. Anders als im trockenen Süden wurde im Norden des Reiches Wasser kaum knapp. So sollen zum Beispiel in Trier jedem Bewohner täglich rund 1.000 Liter zur Verfügung gestanden haben!

Nicht immer war allerdings eine aufwendige Aquäduktkonstruktion nötig. Oftmals bezog man das Wasser vor allem in kleineren Ansiedlungen direkt von einer nahen Quelle oder leitete es mit einfachen Holzleitungen in den Ort. Daneben baute man Ziehbrunnen, die das Grundwasser anzapften und sammelte Regenwasser in großen Becken, sogenannten Zisternen.

Die öffentlichen Toiletten waren ein Ort, um zu plaudern und sich auszutauschen. Man schämte sich nicht, nebeneinander sein Geschäft zu verrichten! Auf dem Foto musst du dir die hölzernen Sitze dazu denken – solches organisches Material verrottet schnell und ist heute nur selten noch erhalten.

Die Eiffelwasserleitung, die das antike Köln mit Wasser versorgte, war die längste Wasserleitung nördlich der Alpen. Hier siehst du ein Teilstück des Aquäduktes wiederhergestellt.

Dass ein funktionierendes Abwassersystem mindestens so wichtig war wie die Trinkwasserzufuhr, zeigt ein kleines Heiligtum mitten auf dem Forum in Rom: Es war der Göttin der großen Kloake, Venus Cloacina, geweiht.

Zur Abwasserentsorgung legte man in den Städten ein unterirdisches System aus Abwasserkanälen an. Darin aufgenommen wurde das verbrauchte Badewasser der Thermen, anderes überschüssiges Wasser und Regenwasser. Teilweise wurden damit auch noch die öffentlichen Toiletten, die Latrinen, durchgespült.

Der Müll war bereits im antiken Rom ein großes Problem! Ein beliebter Entsorgungsort war die Latrine. Daneben hob man im Haus Gruben aus oder warf seinen Unrat auf Müllberge unweit der Stadt. Schriftquellen belegen für Rom, dass die Bewohner ihren Abfall auch einfach auf die Straße kippten. Es war zwar bei Strafe verboten, Unrat aus seinem Fenster auf die Straße zu leeren oder sich in der Öffentlichkeit zu erleichtern, daran gehalten haben sich aber offensichtlich nicht alle Einwohner. Wegen der dadurch teilweise stark verschmutzen Straßen konnten, wie du dir gut vorstellen kannst, leicht Krankheiten ausbrechen und sich schnell verbreiten.

Für die gallischen und germanischen Provinzen gibt es keine schriftlichen Nachweise zur Müllentsorgung auf Straßen, dafür aber archäologische: Auf nicht gepflasterten Wegen finden sich hier manchmal ganze Schichten von Unrat, die oft einfach festgetreten wurden und mit Kies bedeckt als neuer Fahrbahnbelag dienten!

Die *Cloaca Maxima* war das große Abwassersystem Roms. Es wurde schon sehr früh angelegt, um das einst sumpfige Forumstal zu entwässern. Im Laufe der Zeit entwickelte sich daraus ein gewaltiges Labyrinth aus unterirdischen Kanälen. Die Hauptrinnen waren dabei so groß, dass man darin aufrecht stehen konnte. Noch heute kannst du Teile der *Cloaca Maxima* sehen, zum Beispiel hier am Forum.

Wutentbrannt wirft ein Mann sein nagelneues Geschirr in die Latrine – es war beim Transport zerbrochen.

Wie lebten die RÖMER?

In Rom und anderen italischen Großstädten war der Wohnraum sehr knapp. Deshalb gab es zahlreiche mehrstöckige Mietshäuser mit teilweise über hundert engen, dunklen Wohnungen. Derartige mehrstöckige Etagenhäuser aber auch einfache Mehrfamilienhäuser nannte man *insulae*. Die Wohnbedingungen waren dort teilweise sehr schlecht. Schriftquellen aus Italien berichten, dass die Bewohner ständiger Einsturz- und Brandgefahr ausgesetzt waren. Außerdem konnten sie wegen des nicht enden wollenden Lärms kaum ein Auge zutun. Neueste Forschungen lassen vermuten, dass es auch in Trier solche mehrstöckigen Wohnhäuser gab.

Modell einer *insula*, eines mehrstöckigen Wohnhauses, am Kapitol in Rom.

„Wir aber leben in einer Stadt, die sich größtenteils mit wackligen Streben und Stützpfeilern aufrecht hält; denn auf diese Weise verlangsamt der Hausverwalter den Zusammenbruch und befiehlt uns, nachdem er die Kluft eines alten Risses ausgefüllt hat, sicher zu schlafen, obwohl doch ständig Einsturz droht.
Dort müsste man leben, wo es keine Brände gibt und man nachts keine Angst haben muss. Zahlreich stirbt man hier, krank vor Schlaflosigkeit. Nur mit großem Reichtum kannst du in dieser Stadt ein Auge zutun."

Der römische Satirendichter Juvenal zu den Wohnverhältnissen in Rom.

Im Stadtmodell des römischen Trier kannst du die Einteilung in Wohnblocks gut erkennen.

Größere Städte waren in Wohnblocks eingeteilt, die, ebenso wie die hohen Mietshäuser in Rom, *insulae* heißen. Dort lassen sich vom einfachsten Haustypus bis hin zum Luxushaus zahlreiche Gebäudeformen finden.

In den germanischen und gallischen Provinzen gab es nur wenige große Städte, in denen Menschen auf engem Raum wohnen mussten. In kleinen Siedlungen war das Streifenhaus der häufigste Haustyp. Im vorderen Teil dieses langrechteckigen Hauses befanden sich Wirtschafsräume, im hinteren die Küche sowie Wohn- und Schlafzimmer. Zur Straße hin lagen Läden und Laubengänge, während sich hinter dem Haus meist ein Garten oder ein Hof anschloss. Dort wurde Kleinvieh gehalten oder Gemüse gezüchtet, häufig lassen sich auch Latrinen, Zisternen oder Brunnen nachweisen. Daneben hatten viele Gebäude einen Keller zur Vorratshaltung. Ähnlich wie unsere Reihenhäuser waren teilweise mehrere Häuser zusammengefasst, das heißt die benachbarten Häuser teilten sich die Außenwand.

Wer es sich leisten konnte, wohnte in einem aufwendiger gestalteten Haus. Neben den Privaträumen gab es hier luxuriös ausgestattete Empfangs- und Speisezimmer, die oft um prächtige Innenhöfe angelegt waren. Die von Säulen umgebenen Höfe, die sogenannten Peristyle, waren typischer Bestandteil eines italischen Stadthauses, *domus* genannt. Diese Hausform brachten römische Kommandanten aus Italien in die Provinz, da sie auch im Legionslager auf gewohnten Wohnluxus nicht verzichten wollten. Schnell übernahm dann dic Oberschicht in den Provinzstädten die Bauweise. So entwickelte sich in den Provinzen eine neue Hausform der Wohlhabenden. Auch Bestandteile römischer Landvillen konnten Teil der Architektur sein.

Mit wachsendem Wohlstand der Bevölkerung wurden die vorher in zahlreiche Grundstücke eingeteilten *insulae* teilweise von nur noch wenigen, ausgedehnten Luxushäusern eingenommen. Aus *Colonia Claudia Ara Agrippinensium*, dem heutigen Köln, ist zum Beispiel ein Peristyl-Haus mit über 3.000 Quadratmeter Wohnbereich überliefert!

Hier kannst du in ein römisches Streifenhaus hineinschauen. Es hatte meist wenige kleine Fenster, durch die kaum Licht hineinkam. Die Bewohner beleuchteten ihre Räume daher vorwiegend mit Öllampen, Wachs- oder Talglichtern und Kerzen.

Wärmender Luxus

Warm und kuschelig hatten es auch schon die Menschen in der Antike gerne! In Italien wurde es wie heute selten bitter kalt, doch in den römischen Provinzen im Norden war dies durchaus der Fall. Die Menschen wärmten sich an Holzkohlebecken oder am Herdfeuer. Die Römer kannten aber schon eine „moderne" Heizungsmöglichkeit, nämlich eine Fußbodenheizung! Dazu baute man unter dem Boden sogenannte Hypokausten, niedrige Pfeiler aus Ziegeln oder Steinen. In den dadurch entstandenen Hohlraum wurde heißer Rauch eines Feuers geleitet, der so den Boden gleichmäßig erwärmte.

Neben den warmen Fußböden wurden oft gleich auch die Wände beheizt. Dafür wurde die warme Luft über hohle Ziegel *(tubuli)* an den Wänden nach oben abgeleitet. Waren diese erst einmal heiß, speicherten sie ebenso wie die Hypokausten die Wärme stundenlang. Auch in den römischen Thermen wurde diese Heizungsform verwendet. Aber natürlich hatten nicht alle römischen Häuser eine Fußbodenheizung und selbst dann war nicht jeder Raum damit beheizt.

Dieser Nachbau einer römischen Fußbodenheizung zeigt dir, wie der warme Rauch in die Zwischenräume der Hypokausten geleitet wird.

So speisten die Römer

Ein Küche war in einem römischen Haus keine Selbstverständlichkeit. Die Streifenhäuser in den gallischen und germanischen Provinzen waren mit Herdstellen ausgestattet, die teureren Wohnhäuser in Städten und die Villen auf dem Land besaßen bisweilen richtige Küchen. In den Häusern der Reichen gab es zudem auch wunderbar dekorierte Speisezimmer, um Gäste mit erlesenen Speisen bewirten und mit Tanz und Musik unterhalten zu können. Man aß dort von Geschirr aus Metall oder rot glänzendem Ton und trank aus gläsernen Bechern.

Diese schöne, rot glänzende Tonware war bei den Römern ein begehrtes Tafelgeschirr.

SCHON GEWUSST?

→ Schon die alten Römer kannten Wohnungsanzeigen! Hier kannst du eine aus der Stadt Pompeji lesen:

„Ab 1. Juli werden in der insula Arriana Polliana vermietet: Läden und Werkstätten mit zugehörigen Wohnungen, herrschaftliche Räume im Obergeschoss und eine große, selbständige Wohneinheit. Der Mietinteressent soll sich an Primus wenden."

Diese Wohnungsanzeige war auf die Außenwand des Hauses geschrieben, das in zentraler Lage nahe dem Forum von Pompeji lag.

Aus mehrstöckigen Mietshäusern in Italien ist jedoch bekannt, dass es dort aus Sicherheitsgründen keine Feuerstellen gab. Deshalb waren viele Leute auf die zahlreichen Garküchen und Imbissbuden in der Stadt angewiesen. Solche Imbisse sind auch nördlich der Alpen bekannt, zum Beispiel im antiken Baden-Baden.

Kleidung und andere schöne Dinge

Das Zeichen eines römischen Bürgers war die Toga. Sie durfte nur von Männern getragen werden, die das römische Bürgerrecht besaßen. Darunter trug man ein leichtes Untergewand, die Tunika. Frauen legten über die Tunika ein Obergewand aus Wolle oder Leinen und ein Manteltuch. Aber natürlich wurde von der Provinzbevölkerung die althergebrachte einheimische Kleidung, wie der gallische Kapuzenmantel, weiterhin getragen, der sogar zu Beginn des 3. Jahrhunderts n. Chr. in die Standardausrüstung der römischen Armee aufgenommen wurde.

Neben Schmuck trug man Gewandspangen. Diese sogenannten Fibeln waren fester Trachtbestandteil der germanischen und gallischen Bevölkerung und wurden von den Römern übernommen. Meist aus Bronze und teilweise mit wunderschönen, bunten Einlagen versehen, waren sie neben ihrer praktischen Funktion vor allem schmückendes Beiwerk.

Der Wohlstand eines Römers zeigte sich auch in der Dekoration der Räume seines Hauses, in denen er Gäste empfing. Vor allem sorgfältig verputzte und mit Malereien geschmückte Wände

So kannst du dir die verschiedenen Trachten der Bevölkerung in den germanischen und gallischen Provinzen vorstellen: Der Mann rechts trägt die römische Toga, der in der Mitte einen gallischen Kapuzenmantel und die Frau ein einheimisches Untergewand mit Überkleid und Mantel. Die Stoffflut wird mit Fibeln zusammengehalten.

galten als Statussymbol. Je nach den finanziellen Mitteln fielen die Malereien unterschiedlich groß und aufwendig aus. Daneben schmückten in Häusern der Reichen teure Mosaiken und Marmorplatten die Wände und Böden von Speise- und Empfangsräumen. Auch Statuen und Reliefs gehörten zum Ausstattungsluxus. Wer viel auf sich hielt und es sich leisten konnte, ließ sie sich sogar von berühmten Bildhauern aus Italien oder Griechenland liefern. Gerne schöpften die Römer für ihre Kunstwerke aus dem Bilderreichtum der griechisch-römischen Sagenwelt.

Kleine Bronzestatue eines Mannes aus Trier, der den gallischen Mantel trägt.

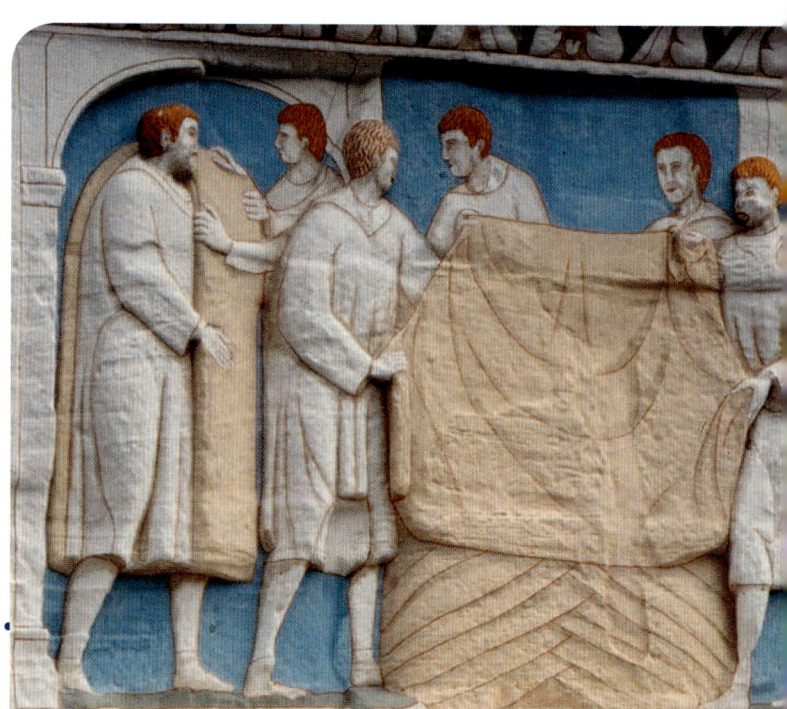

Die Sagenwelt

Die Sagenwelt (Mythologie) war stets ein beliebtes Thema in der Literatur. Aber auch für alle möglichen Dekorationszwecke wie Wände, Vasen und andere Gegenstände wurde oft und gerne aus dem reichen Vorrat an Mythen geschöpft.

Die Römer haben ihre Sagenwelt von den Griechen übernommen. Sie erzählt von dem Treiben der Götter und Menschen, lässt große Helden erstrahlen und schreckliche Monster und Mischwesen lebendig werden.

Orpheus war ein griechischer Sänger und Dichter, der so wunderbare Musik machte, dass er dadurch Tiere zähmen konnte.

Der griechisch-römische Held Hercules, der Sohn des Jupiter und einer Sterblichen, musste für den König Eurystheus zwölf gefährliche Aufgaben erledigen. Dazu gehörte der Kampf gegen die Hydra, ein Ungeheuer mit unzähligen Schlangenköpfen.

Medusa, ein Ungeheuer mit Schlangenhaaren, ließ jeden mit ihrem Blick zu Stein erstarren. Der Medusakopf hatte bei den Römern eine Unheil abwehrende Funktion und war deswegen ein sehr beliebtes Dekorationselement.

Im Trierer Gebiet und in benachbarten gallischen Regionen gab es einen großen Tuchhandel und spätestens seit dem Ende des 3. Jahrhunderts n. Chr. mehrere Kleiderfabriken. Ein römisches Grabmonument in der Nähe von Trier, die sogenannte Igeler Säule, zeigt Szenen aus dem Leben einer Trierer Tuchhändlerfamilie, in diesem Ausschnitt eine Stoffprobe.

Derartige gläserne Kugeln enthielten Schminke und waren sicher einmal Bestand der Kosmetikausstattung einer reichen römischen Dame.

Wer wohnte in einer römischen STADT?

Die römische Gesellschaft teilt sich allgemein in römische Bürger, Unfreie (Sklaven) und *peregrini*. Diese *peregrini* lebten zwar im römischen Reich, besaßen aber nicht das römische Bürgerrecht, da sie in der Provinz geboren waren und als Fremde gesehen wurden. Erst Kaiser Caracalla erließ 212 n. Chr. ein Gesetz, das allen Bewohnern des Römischen Reiches das römische Bürgerrecht verlieh.

An der Spitze der römischen Gesellschaft stand der Kaiser. Gleich darunter gab es eine kleine, aber sehr reiche Oberschicht, die aus der Kaiserfamilie, Senatoren und Rittern bestand. In den Provinzstädten genossen die Ratsherren das höchste Ansehen.

> „Blicke doch einmal auf diese Volksmenge, für die kaum die Häuser der unermesslichen Stadt ausreichen. Der größte Teil dieses Haufens hat keine Heimat. Aus ihren Municipien und Kolonien, ja aus dem ganzen Erdkreis sind sie hier zusammengeströmt."
>
> Der römische Philosoph und Schriftsteller Seneca zur Zusammensetzung der Stadtbevölkerung.

Dieser Mann, der wohl einen Sklaven darstellt, litt an einer Hasenscharte. Einen solchen Schönheitsfehler konnte man damals noch nicht beheben und er machte ihm sicher das Leben manchmal schwer. Der Kopf stammt von einem Grabrelief einer reichen Familie und zeigt, dass auch die Diener bei der Familie hoch geschätzt wurden.

Den untersten Stand bildeten die Sklaven: Sie waren die billigsten Arbeitskräfte und besaßen keinerlei Rechte, konnten aber auch freigelassen werden. Die Freigelassenen nannte man *liberti*.

Ein kunterbuntes Gemisch

Die Bevölkerung einer römischen Stadt bestand aus einem bunten Gemisch an Kulturen. Sie setzte sich aus Einheimischen und Zugezogenen zusammen, darunter viele Soldaten aus aller Herren Länder, die in den Lagern und Kastellen in der Nähe stationiert waren. Oft blieben diese nach Ableistung ihres Dienstes in der Provinz und heirateten zum Teil einheimische Frauen. Außerdem wohnte ein großer Teil der keltischen und germanischen Bevölkerung in den Städten. Zugezogene Handwerker und Händler aus benachbarten Provinzen siedelten sich ebenfalls an. In den großen Provinzhauptstädten gab es sicher auch den ein oder anderen „echten" Römer.

Verwaltung und Beamte

Städte mussten natürlich verwaltet werden. Deshalb gab es in Rom eine Reihe von Ämtern, die dafür sorgten, dass das Leben in der Stadt reibungslos ablief. Auch in der Provinz wurde die Stadtverwaltung nach römischem Vorbild gehandhabt. Jeder, der in einen solchen Posten gewählt wurde, genoss großes Ansehen. Da die Ämter jedoch unbezahlt waren, mussten die Beamten ein gewisses Vermögen mitbringen. Sie mussten nämlich oftmals öffentliche Baumaßnahmen oder Vergnügungsspektakel finanzieren. Neben den Beamten gab es sogenannte Kollegien. Hierbei handelt es sich um einen Zusammenschluss reicher Privatleute, die sich um öffentliche Belange, religiöse Angelegenheiten oder den Kaiserkult kümmerten. Die Provinz selbst wurde von einem Statthalter verwaltet, der von den Verwaltern in Rom eingesetzt wurde und einen großen Stab an Mitarbeitern hatte.

Relief mit Amtsträgern, die alle mit der Toga, einem hohen Würdenzeichen, bekleidet sind.

SCHON GEWUSST?

Das waren die Ämter und Aufgaben in einer römischen Provinzstadt:

→ **Ordo decurionum:** Stadtrat; die Mitglieder (decuriones) mussten römische Bürger sein, aus deren Mitte jährlich wechselnde Beamte gewählt wurden.

→ **2 Duoviri:** Bürgermeister und Richter in kleineren Angelegenheiten

→ **2 Aediles:** Vizebürgermeister; zuständig für öffentliche Ordnung und Polizei

→ **2 Quaestores:** Finanzverwaltung

Kindheit in der Stadt

Kinder in der Antike lebten ganz anders als viele Kinder heute. Damals gab es keine spezielle Kinderkleidung, keine Schulpflicht und auch keine Gleichstellung von Jungen und Mädchen. Im Gegensatz zu römischen Knaben, war die Kindheit der Mädchen viel kürzer, denn ihr späterer Lebensweg wurde bereits in jungen Jahren festgelegt. Manche Mädchen wurden schon mit zehn Jahren verlobt! Nach der Hochzeit galten sie als erwachsene Frau, die alle Aufgaben und Pflichten als Ehefrau und Mutter zu erfüllen hatte.

Das deutsche Wort „Familie" gab es ganz ähnlich auch schon bei den Römern. Zur römischen *familia* zählten damals aber mehr Personen: Neben den Eltern, den Kindern, den Großeltern und anderen Verwandten gehörten Sklaven, Freigelassene und enge Geschäftsfreunde zum Haushalt einer *familia*.

Mit sechs oder sieben Jahren begann der Unterricht für römische Kinder – also ganz wie bei uns heute! Jedoch gab es in der Antike keine zwingende Schulpflicht. Für Bildung und Erziehung war jede Familie selbst verantwortlich. Allein der

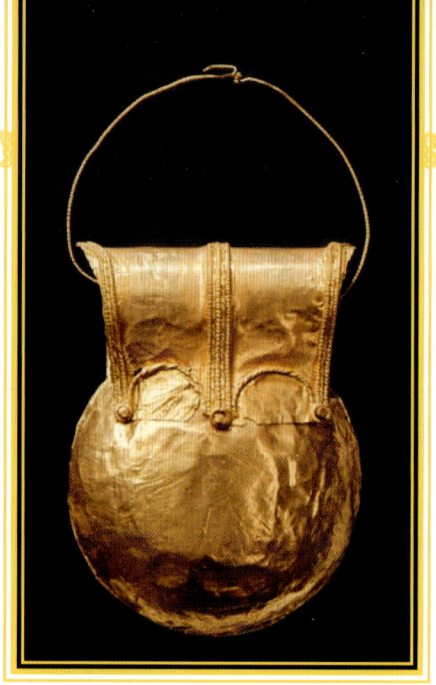

Die Römer schützten sich mit einer Vielzahl von Amuletten vor bösen Geistern. Den Mädchen hängte man eine Halbmondkette, Lunula genannt, um den Hals. Jungen bekamen eine Bulla – einen ovalen Anhänger, der einen Glücksbringer enthielt.

pater familias, der Vater und das Oberhaupt der römischen Familie, entschied, ob seine Kinder Lesen und Schreiben lernen durften.

Staatliche Schulen, deren Besuch für alle Kinder kostenlos war, kannten die Römer nicht. Stattdessen schickten sie ihre Kinder zu einem Lehrer, meist einem Sklaven oder Freigelassenen. Dieser unterrichtete die Klasse gegen Bezahlung in öffentlichen Gebäuden oder im Freien, zum Beispiel auf dem Forum. Besonders die Kinder aus den unteren, armen Gesellschaftsschichten hatten es schwer: Sie konnten die Schule nicht besuchen, denn sie mussten zum Lebensunterhalt der Familie beitragen und schon früh arbeiten.

Bücher gab es in der Antike nicht! Man lernte mit Buchrollen, wie es das sogenannte Schulrelief aus Neumagen zeigt.

Schreiben wie die Römer!

Die römischen Schüler kannten natürlich keine Hefte, wie du sie benutzt. Sie schrieben auf Wachstafeln. Die Buchstaben wurden mit einem sogenannten Griffel in das Wachs eingeritzt. Du kannst dir sehr einfach solch eine Wachstafel selbst basteln.

So wird es gemacht:

Klebe jeweils zwei lange und zwei kurze Holzleisten auf eine Holztafel als Rahmen auf. Mach dasselbe auch mit der zweiten Holztafel. Pass auf, dass der Kleber auf der gesamten Klebefläche verteilt ist und gut trocknet!

Bohre jeweils zwei Löcher an eine Längsseite jedes einzelnen Holztäfelchens und verbinde beide mit den Lederschnüren.

Gib das Wachs in den alten Topf und lass es bei mittlerer Temperatur schmelzen. Gieße das flüssige Wachs vorsichtig in die Rahmung der Holztäfelchen. Das Wachs darf dabei nicht über die Rahmen schwappen! Gut trocknen lassen. Nun kannst du dein Wachstäfelchen benutzen.

Du brauchst:

- zwei dünne Holztafeln (Maße: Länge 8 cm, Breite 13 cm, Dicke 0,5 cm), vier kurze Holzleisten (Maße: Länge 6 cm, Dicke 1 cm), vier lange Holzleisten (Maße: Länge 13 cm, Dicke 1 cm)
- Kerzenwachs (z.B. Reste von alten Kerzen)
- zwei Lederschnüre oder Kordeln (jede ca. 15 cm)
- ein spitzes Holzstäbchen oder einen Nagel als Griffel
- Werkzeuge: Bohrer, Klebstoff, einen alten Topf zum Wachsschmelzen

Ritze hierzu mit einem spitzen Holzstäbchen oder einem Nagel Nachrichten in das Wachs. Hast du alles beschrieben, kannst du das Wachstäfelchen kurz in die Mikrowelle oder den Ofen bei niedriger Temperatur legen, bis die Oberfläche wieder schön glatt wird.

Tipp:

Kerzenwachs lässt sich von glatten Flächen gut mit heißem Wasser und Spülmittel entfernen.

Ein ganz besonderer Fund: das Holztäfelchen aus Rottweil, der ältesten Stadt Baden-Württembergs.

Richtig Schreiben will gelernt sein

Mit den Römern kam nicht nur die römische Ingenieurskunst in die eroberten Gebiete, sondern auch die lateinische Schrift und Sprache. Bücher, wie wir sie heute verwenden, hatten die Römer nicht. Offizielle Botschaften oder persönliche Nachrichten kratzten sie auf Wachstäfelchen, die mit einem Siegel vor neugierigen Lesern geschützt wurden. Man schrieb aber auch mit Tinte auf andere Materialien wie Holz, Tonscherben, Papyrus und Pergament. Wichtige Mitteilungen, die im Freien aufgestellt werden sollten und länger lesbar sein mussten, meißelten Handwerker in Stein oder ritzten sie in Metallplatten.

Sogar vor Hauswänden machten die Römer nicht Halt: Von Flüchen und Beleidigungen bis hin zu Liebeserklärungen finden sich dort Kritzeleien aller Art – die Vorläufer der heutigen Graffiti.

RÖMERDETEKTIVE GEFRAGT!

Wenn du Ausgrabungsstätten und Museen besuchst und dir die Hinterlassenschaften der alten Römer wie Alltagsgegenstände und Mauern anschaust, wirst du auch auf ihre schriftlichen Botschaften stoßen. Hier ist eine in Keramik verewigt. Kannst du sie entziffern?

Latein für Anfänger

Die lateinische Sprache hat nicht nur im Lateinunterricht überlebt, sondern auch in vielen Wörtern, die wir in unserem Alltag verwenden. Oft ist uns das gar nicht so bewusst. Hier sind einige lateinische Wörter aufgeführt, die dir bekannt vorkommen könnten!

Lateinisches Wort	Übersetzung	unser Wort heute
fabula	Geschichte, Erzählung	fabulieren (Geschichten erfinden)
villa	Landgut	Villa
mensa	Tisch	Mensa in der Schule/Uni
via	Weg, Straße	via (auf dem Weg über)
hortus	Garten	Hort in der Schule
nebula	Dunst	Nebel
natio	Stamm, Volk	Nation

Die Römer benutzten beim Schreiben übrigens nur Großbuchstaben. Kleinbuchstaben kamen erst in der Spätantike auf. Neben einer Druckschrift, die bei offiziellen Inschriften auf Grabsteinen oder auf steinernen Urkunden verwendet wurde, kannten die Römer auch Handschriften für den alltäglichen Bedarf.

Die Römer benutzten statt Zahlen, wie wir sie heute kennen, die Buchstaben I, V, X, L, C, D und M. Jeder Buchstabe hatte einen eigenen Wert. So stand I für 1, V für 5, X für 10, L für 50, C für 100, D für 500 und M für 1.000. Zahlen, die hintereinander geschrieben werden, musst du zusammenzählen. So ergibt VI die Zahl sechs. Ist eine kleinere Zahl vor eine größere gestellt, wird sie von dieser abgezogen.

Hier sind ein paar römische Zahlenbeispiele:

→ III = 3

→ VII = 7

→ IX = 9

→ IV = 4

→ LXXXVI = 86

→ DXXXII = 532

→ MMXIII = 2.013

→ CXXV = 125

Der ANFANG vom ENDE

Das 3. Jahrhundert n. Chr. war für das römische Weltreich der Anfang vom Ende. Gleich mehrere Krisen erschütterten in dieser Zeit den gesamten Nordwesten des Römischen Reiches. Doch was setzte den Römern so stark zu? Es kam zu äußeren Bedrohungen durch germanische Stämme, die immer wieder in die römischen Gebiete am Rhein und an der Donau einfielen. Da die Kaiser in dieser Zeit häufig Truppen von den befestigten Grenzen abzogen, waren die Kastelle am Limes immer spärlicher besetzt. Somit waren vor allem die Siedlungen im Hinterland des Limes für die Germanen leichte Beute. Einwohner von unbefestigten Siedlungen zogen sich mehr und mehr hinter die Mauern großer Hauptorte zurück oder wanderten in sicherere Gebiete aus.

In großer Eile wurden aus Angst vor plündernden Germanen oft ein paar Kostbarkeiten und Münzen vergraben. Die Besitzer dieses Versteckfundes hatten wohl nicht das Glück, den Überfall zu überleben. Ihr trauriges Schicksal bietet jedoch eine ungemein wichtige Quelle für Archäologen.

Ein Mann beim hastigen Vergraben seiner Habseligkeiten.

Aber auch von innen wurde das Reich immer stärker bedroht. So ließen sich Truppenkommandanten häufig von ihren Soldaten zu Gegenkaisern ausrufen. Die Folge waren teils heftige Bürgerkriege, in denen der rechtmäßige, vom Senat in Rom bestätigte Kaiser versuchte, seine Stellung zu sichern. Da der Staat zunehmend höhere Summen für Kriege ausgab und die gegenwärtigen Kaiser die Soldaten mit zusätzlichen Soldzahlungen an sich binden wollten, war schließlich immer mehr Geld auf dem Markt. Das führte dazu, dass der Silbergehalt in den Münzen stetig geringer wurde, das Geld also an Wert verlor. Dieses Phänomen nennt man Inflation.

Viele Falschmünzerwerkstätten wuchsen wie Pilze aus dem Boden und gossen aus billigem Metall Nachbildungen der silbern glänzenden Denare, die vielleicht wegen der Wirtschaftskrise sogar vom Staat geduldet wurden. Da das gesparte Geld keine Kaufkraft mehr hatte und es zusätzlich zu Seuchen und Missernten kam, ging es den Menschen zunehmend schlechter. Archäologische Forschungen im Limesgebiet zeigen, dass spätestens um 270 n. Chr. die römische Restbevölkerung endgültig weggezogen war und die Kastelle verlassen wurden.

Als die Römer den Limes schließlich aufgaben, zogen sie sich hinter Donau, Iller und Rhein zurück. Diese „nasse Grenze" war viel leichter zu befestigen und zu verteidigen. Auf dem nun herrschaftslosen Land siedelten sich allmählich immer mehr Germanenstämme an, die wir allgemein als Alamannen bezeichnen.

Diese Statuengruppe zeigt die vier Herrscher der Tetrarchie in brüderlicher Umarmung. Du kannst das Kunstwerk heute noch auf dem Markusplatz in Venedig sehen.

SCHON GEWUSST?

→ Kaiser Diocletian teilte 286 n. Chr. das Reich zur besseren Kontrolle in zwei Herrschaftsgebiete auf – den Ost- und den Westteil – und ernannte einen Mitkaiser, Maximian. Sieben Jahre später holte sich jeder der beiden Herrscher noch einen Unterkaiser, der seinem Hauptkaiser unterstand und diesen unterstützte. Nach der Abdankung der Hauptkaiser 305 n. Chr. sollten die Unterkaiser nachrücken. Dieses gut durchdachte System der Vierherrschaft, „Tetrarchie" genannt, ging jedoch nicht lange gut.

Die römische Stadt Trier

Kaiser Augustus gründete *Augusta Treverorum*, so der lateinische Name Triers, vor über 2.000 Jahren. Trier hatte eine besonders günstige Lage am Fluss Mosel und an strategisch wichtigen Straßen, die vor allem für den Handel mit Waren von Bedeutung waren. Darum lebten hier vor den Römern auch schon die Kelten. Unter den Römern wuchs die Siedlung schnell zu einer Großstadt heran, die in ihren besten Zeiten bis zu 80.000 Einwohner zählte.

Die Stadtmauer mit einem noch sehr gut erhaltenen Stadttor, eine Steinbrücke über die Mosel, ein Amphitheater, eine Basilika, mehrere Bäder und private Wohnhäuser – manche römische und spätantike Gebäude kannst du heute noch sehen. Diese sind in ihrer Bedeutung für die Menschheit besonders wertvoll und schützenswert, deshalb hat die UNESCO 1986 die erhaltenen Baudenkmäler des römischen Trier in die Liste des Welterbes aufgenommen.

Die Metropole Trier wurde von einem 6,4 Kilometer langen Mauerring eingefasst. Besonders die prunkvollen Großbauten wie die Basilika und die Thermen prägten das Stadtbild.

Der Palast in Trier – wahrhaftig eines Kaisers würdig!

Einige der römischen Bauten mussten, als Trier im späten 3. Jahrhundert n. Chr. Kaiserresidenz wurde, umgebaut oder gar abgerissen werden, um genügend Baugrund für noch größere Gebäude zu schaffen. Für den Bau der kaiserlichen Residenz des berühmten Kaisers Konstantin machten die Bauherren teilweise ganze Straßenblocks dem Erdboden gleich!

Der spätantike Palastbezirk erstreckte sich weit über die Fläche des heute dort zu sehenden Kurfürstlichen Palais und des Palastgartens aus späterer Zeit hinaus. In römischer Zeit gehörte eine riesige Empfangshalle, die wir heute Basilika nennen, zum Kaiserpalast. Wohnräume älterer Gebäude wurden teilweise übernommen und umgebaut sowie neue angegliedert. Auch in seinem Inneren war der Palast prächtig ausgestattet: von Säulen umgebene Höfe, Mosaike an den Wänden und den Böden sowie Wandplatten aus Marmor. Zeitgleich wurde mit einem weiteren Großbau, den Kaiserthermen, begonnen.

Die eindrucksvolle Basilika war als Mittelpunkt des neu errichteten Palastes des Kaisers Konstantin geplant. Mit ihren 67 Metern Länge und 27 Metern Breite beeindruckte die Audienzhalle damals nicht nur durch ihre gewaltige Größe, sondern auch durch ihre Ausstattung. Leuchtend weißer und tiefschwarzer Marmor sowie viele andere farbige Steine an den Wänden und auf dem Boden waren äußerst luxuriös. Viel Komfort bot die Hypokaustenanlage, die die Halle im Winter wärmte.

Heute wird die Basilika als Kirchenraum für die evangelische Gemeinde weitergenutzt.

Um 180 n. Chr. wurde Trier mit einer gewaltigen Stadtmauer umgeben. Zu dieser gehörten
mehrere Rundtürme und Stadttore. Bis zu vier
Meter dick und bis zu acht Meter hoch muss die
Ringmauer gewesen sein. Einen guten Eindruck
der gewaltigen Ausmaße der Mauer gibt das heute noch erhaltene nördliche Stadttor, die Porta
Nigra. Seinen Namen erhielt das Stadttor jedoch
nicht von den Römern, sondern im frühen Mittelalter: Porta Nigra ist lateinisch und bedeutet
schwarzes Tor. Durch Verwitterung und Umwelt-
einflüsse ist ihr einst heller Sandstein heute
gräulich schwarz verfärbt.

Das gewaltige Nordtor des römischen Trier
steht heute inmitten der modernen Stadt.

Die ovale Arena am Stadtrand war der Veran-
staltungsort für Gladiatorenkämpfe und Spekta-
kel aller Art. Zur Zeit der Überfälle durch Germanen im 5. Jahrhundert n. Chr. fand hier auch die
Stadtbevölkerung Schutz. Bis das Amphitheater
jedoch benutzbar war, mussten viele Arbeits-
stunden geleistet. Der Hang, der die Arena um-
gibt, wurde von Hand aufgeschüttet. Lediglich
die Umfassungsmauer und die Eingänge wurden
gemauert. Für weitere Kulissenaufbauten aus
Holz waren in den Boden der Arena einst Löcher
gehauen, in die diese eingelassen werden konnten.

In einem so gewaltigen Saal-
bau fühlte man sich damals
schon recht klein.

Vom einstigen Amphitheater lassen sich heute noch die Arena, die
Eingangstore und der Hang mit
den Sitzplätzen erkennen.

Schon ganz früh, um 17 v. Chr., errichteten die Römer eine Holzbrücke, später folgte eine Steinbrücke. Wo früher Karren und Pferde die Mosel überquerten, fahren heute Autos und Motorräder. Allerdings nicht mehr direkt über römische Steine: Übrig geblieben sind lediglich die römischen Grundpfeiler, auf denen die mittelalterliche Überwölbung bis heute ruht.

Die Barbarathermen gehörten mit zu den eindrucksvollen römischen Bauten in Trier. Ihren Namen erhielt die Badeanlage im Mittelalter nach einer Dorfkirche, die der Heiligen Barbara gewidmet war. Die Badeanstalt war über 40.000 Quadratmeter groß und damit zu ihrer Erbauungszeit im zweiten Jahrhundert die zweitgrößte Thermenanlage im gesamten Römischen Reich! Größer waren nur noch die Traiansthermen in Rom. Wertvolle Marmorskulpturen, Mosaike, als Grotten geschmückte Wandnischen sowie durchsichtiges Fensterglas schufen ein angenehmes Ambiente. Die neu geplanten Kaiserthermen stellten keine Konkurrenz dar, denn sie wurden als Badeanstalt nie fertig gestellt. In späterer Zeit dienten sie der Leibgarde des Kaisers als Kaserne.

Die im späten 3. Jahrhundert n. Chr. begonnenen Arbeiten an den Kaiserthermen kamen bald zum Erliegen.

Die Römerbrücke über die Mosel ist die größte heute noch benutzte römische Brückenkonstruktion nördlich der Alpen.

Heute noch sind anhand der erhaltenen Mauerzüge die Ausmaße des mächtigen Gebäudekomplexes der Barbarathermen sichtbar.

Das Ende Triers und des Römischen Reiches

Aus der Not heraus und zum Schutz der Grenze schlossen die Römer mit einigen der benachbarten Germanenstämme Bündnisse. Sie wurden so wichtig, dass einige adlige Germanen bald offizielle Ämter und sogar die Leitung der römischen

Armee übernahmen. Die Einbindung von germanischen Truppen war für Rom vor allem wegen der Kriegstüchtigkeit und Kampftechnik der germanischen Krieger, aber auch wegen ihrer Kenntnisse über das Land und seine Einwohner von Nutzen.

Mit der endgültigen Teilung des römischen Gebietes in ein westliches und ein östliches Reich um das Jahr 395 n. Chr. verlor Trier als Stadt und Kaiserresidenz immer mehr an Bedeutung. Der weströmische Kaiserhof wurde nach *Mediolanum*, das heutige Mailand, verlegt. Nachdem auch die Verwaltung umgezogen war, begann der Untergang der ehemaligen Kaiserresidenz, die bis zu diesem Zeitpunkt die übrigen Siedlungen in den römischen Provinzen nördlich der Alpen um viele Jahrzehnte überlebt hatte. Germanische Stämme fielen immer wieder in die Stadt ein, plünderten die verbliebenen Reichtümer und brandschatzten. Spätestens im Jahr 475 n. Chr. überließen die Römer die Herrschaft über Trier den Franken.

SCHON GEWUSST?

→ Im Jahr 476 n. Chr. endete mit der Absetzung des letzten römischen Kaisers Romulus Augustulus durch Odoaker, einem römischen Offizier germanischer Abstammung, das weströmische Kaiserreich.

Heute finden wir auch Überreste der Germanen, wie hier zum Beispiel die Beigaben eines alamannischen Mädchengrabes aus Lauffen am Neckar.

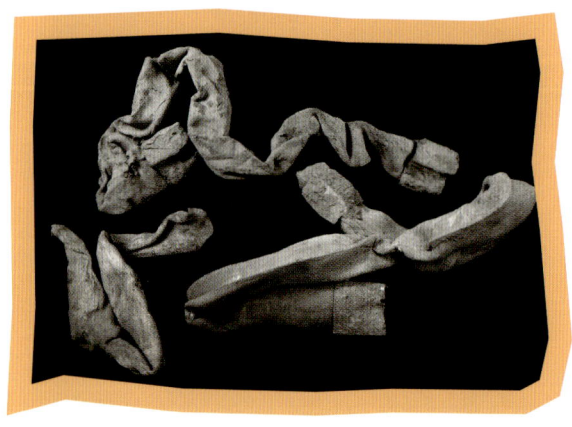

Antikes Recycling – Diese Rohre hier sind beim Schiffstransport zum Schmelzofen in die Mosel gefallen.

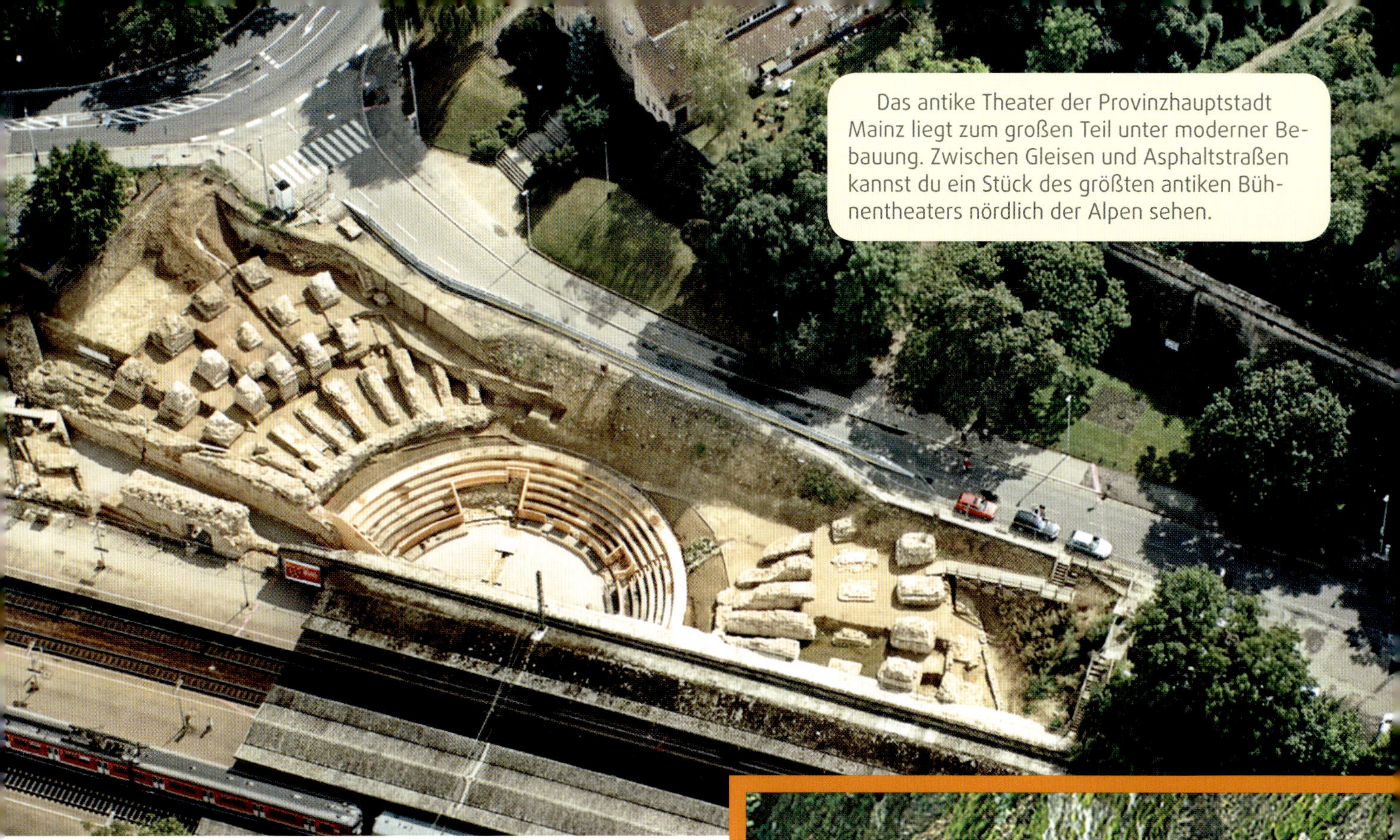

Das antike Theater der Provinzhauptstadt Mainz liegt zum großen Teil unter moderner Bebauung. Zwischen Gleisen und Asphaltstraßen kannst du ein Stück des größten antiken Bühnentheaters nördlich der Alpen sehen.

Was ist von den Römern übrig geblieben?

Die Erforschung von antiken Städten ist nicht immer einfach. Besonders schwierig werden die archäologischen Arbeiten, wenn andere Gebäude auf den Ruinen der römischen Zeit errichtet worden sind. Hier gibt es fast keine Möglichkeiten, die darunter liegenden Straßen oder Mauern zu untersuchen. Umso größer ist die Freude, wenn bei Straßen- oder Kanalarbeiten Keramikscherben, Skulpturenteile und Mauerreste zum Vorschein kommen. Alle Eingriffe in den Boden, etwa durch Überbauung von Bodendenkmälern oder durch Landwirtschaft zerstören archäologische Überreste.

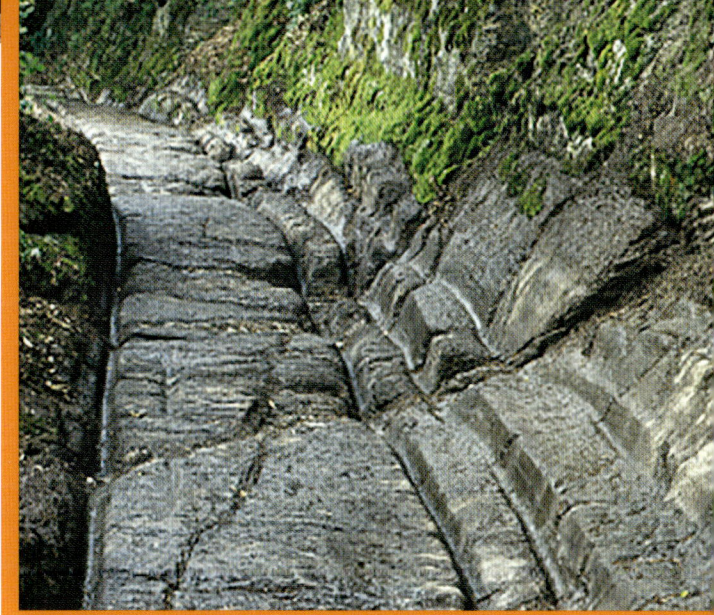

Unverwüstlich ist dieser Straßenzug bei Bacharach am Rhein: Noch heute sind die in den Stein gehauenen Rillen für die Karrenräder deutlich zu erkennen. Wie Zuggleise sollten sie dafür sorgen, dass der Karren nicht vom Weg abweicht.

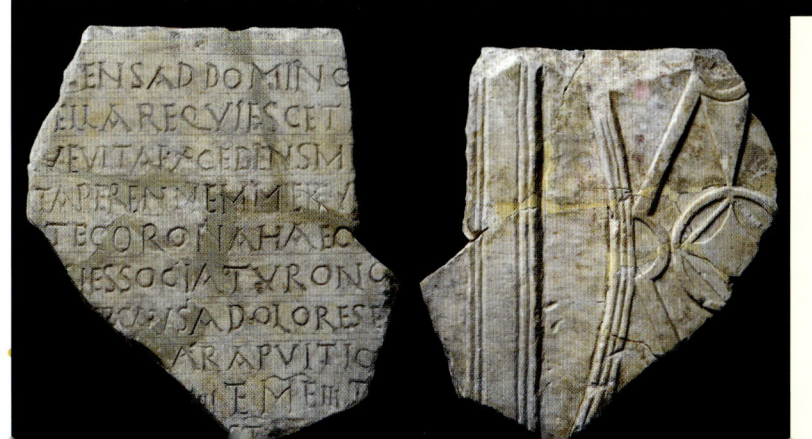

Ein Stein, zwei Seiten: Diese antike Wandverkleidungsplatte wurde wiederverwendet, deshalb trägt sie auf der einen Seite ein Relief, auf der anderen eine Inschrift.

ANHANG

Lösungen

Seite 15:

1 Forum
2 Haupttempel
3 Amphitheater
4 Theater
5 Thermen
6 Grabbauten

Seite 21: Du musst als Friseur vier Kunden bedienen (2 x 2 Denare) x 2 = 8 Denare = 10 Köpfe Salat.

Seite 35: Fortunati sum Iocosus = Ich (d.h. der Kelch) bin ein Scherz des Fortunatus.

Glossar

Alamannen: Bedeutet soviel wie „alle Männer" und bezeichnet einen Zusammenschluss verschiedener Germanenstämme, die sich in den um 270 n. Chr. aufgegeben Limesgebieten ansiedelten.

Alpenvorland: Alle Gebiete, die rund um die Alpen liegen; in diesem Heft das Gebiet, das unmittelbar nördlich an die Alpen anschließt.

Germanen: Viele verschiedene Volksstämme, darunter die Franken oder die Goten, die von uns heute aufgrund ihrer gemeinsamen Sprache als Germanen bezeichnet werden.

Kapitolinische Trias: Der Tempel für die drei obersten Götter Jupiter Optimus Maximus, Juno Regina und Minerva liegt in Rom auf dem Hügel *Capitolinus*. Deshalb werden die dort verehrten Gottheiten auch Kapitolinische Trias („Dreiheit") genannt.

Repräsentationsbauten: Bauwerke, die durch ihre aufwendige und teure Gestaltung beeindrucken sollten. Sie sollten den Stolz und das Zugehörigkeitsgefühl der Bewohner zu ihrer Stadt stärken und deutlich zeigen.

Spätantike: Als Spätantike bezeichnen Historiker und Archäologen den Zeitabschnitt von Kaiser Diokletian (284–305 n. Chr.) bis zum Ende der römischen Herrschaft und dem Beginn des frühen Mittelalters 476 n. Chr.

Veteranen: Soldaten, die aus dem Militärdienst ausgeschieden sind.

Weblinks

www.junges-schloss.de
Junges Schloss. Das Kindermuseum in Stuttgart

www.landesmuseum-stuttgart.de
Landesmuseum Württemberg, Stuttgart

www.landesmuseum-trier.de
Rheinisches Landesmuseum Trier

www.saalburgmuseum.de
Römerkastell Saalburg – Archäologischer Park

www.apx.lvr.de
Archäologischer Park Xanten

www.roemerstrasse.net
Römerstraße Neckar-Alb-Aare

www.limesstrasse.de
Limesstraße und Limes-Radwanderweg

www.burgendaten.de/castles
Liste aller Römerkastelle in Deutschland
mit kurzer Lagebeschreibung und weiteren
Weblinks

www.welterbe-trier.de
Informationen zur Römerzeit in Trier

Buchtipps

Rheinisches Landesmuseum Trier/Landesmuseum Württemberg (Hrsg.), Ein Traum von Rom. Stadtleben im römischen Deutschland (Darmstadt 2014).

P. Kolb, Die Römer bei uns (München 2000).

J. Schwartz/E. Wudy, Römer selbst erleben! Kleidung, Spiel und Speisen – selbst gemacht und ausprobiert (Stuttgart 2010).

Ausflugstipps

RÖMERKASTELL SAALBURG BEI BAD HOMBURG (HESSEN)

Römische Truppen bauten Anfang des
2. Jahrhunderts n. Chr. ein erstes Kastell.
Mehrere Umbauten und Erweiterungen ließen
das Truppenlager und den dazugehörigen
vicus zu einer Größe von knapp 2.000 Menschen anwachsen. Die Saalburg mit den
Mannschaftsbaracken, den Speichern, dem
Kastellbad, den Streifenhäusern und dem
Haupttor ist heute als archäologischer Park
rekonstruiert zu besichtigen. Im Museum, das
sich ebenfalls auf dem Gelände befindet,
kannst du die Funde bestaunen.

ARCHÄOLOGISCHER PARK XANTEN UND DAS LVR-RÖMERMUSEUM (NORDRHEIN-WESTFALEN)

Die Koloniestadt *Colonia Ulpia Traiana*, die
heute Xanten heißt, ist für Archäologen viel
leichter als andere Römerstädte in Deutschland zu untersuchen, da die antike Stadt nicht
wieder überbaut wurde und so genauestens
ausgegraben werden kann. Im archäologischen Park kann sich der Besucher diese
Ergebnisse der Forschung live vor Augen
führen, denn auch hier wurden viele der
Gebäude nachgebaut. Das benachbarte
Römermuseum zeigt spannende Funde
aus der römischen Stadt.

TRIER (RHEINLAND-PFALZ)

Die Stadt *Augusta Treverorum*, die wir heute
Trier nennen, blickt auf mehr als 2.000 Jahre
Geschichte zurück. Als sie schließlich im
späten 3. Jahrhundert n. Chr. Kaiserresidenz
wurde, erlebte die Stadt einen regelrechten
Bauboom. Noch heute sind eindrucksvolle
Überreste des ehemaligen Glanzes im Stadtbild des modernen Trier zu sehen. Die Kaiserthermen, die Porta Nigra oder die Basilika
sind hier nur einige Beispiele. Wer noch mehr
zur Geschichte von *Augusta Treverorum*
erfahren möchte, dem bietet das Rheinische
Landesmuseum mit herausragenden Objekten
einen umfassenden Einblick.

RÖMERSTRASSE NECKAR-ALB-AARE (BADEN-WÜRTTEMBERG, SCHWEIZ)

Ein gut ausgebautes Straßensystem war für den Handel, aber auch für die Verwaltung des Römischen Reiches grundlegend. Möglichst schnell und bequem wollten die Menschen in die wichtigsten Städte der Provinzen gelangen können – dank der weit entwickelten Ingenieurskunst der Römer kein Problem. Auf der Römerstraße Neckar-Alb-Aare kann man das römische Straßennetz von der Schwäbischen Alb zum Hochrhein und bis in die Schweiz selbst entdecken. Ausgrabungen und Museen entlang der Strecke geben weiterführende Informationen zum Leben vor Ort.

ARCHÄOLOGISCHER PARK CAMBODUNUM/KEMPTEN (ALLGÄU/BAYERN)

In mehr als hundert Jahren Ausgrabung haben Archäologen in Kempten die römische Stadt *Cambodunum* frei gelegt. Das Forum, eine Basilika, Tempel und Thermen können heute anhand ihrer Grundmauern im archäologischen Park besichtigt werden. Das Forumsgelände ist frei zugänglich.

DEUTSCHE LIMESSTRASSE/LIMES-RADWANDERWEG (BAYERN, BADEN-WÜRTTEMBERG, HESSEN, RHEINLAND-PFALZ)

Auf der Deutschen Limesstraße und dem Limes Radwanderweg kann man auf den Spuren der römischen Soldaten entlang des Limes wandern oder radeln. Der Limes wurde als Grenzwall von der römischen Besatzung zum Schutz vor einfallenden Germanen im Westen und Süden von Deutschland errichtet. Zahlreiche rekonstruierte Wachtürme, Römerkastelle und Museen geben einen wunderbaren Eindruck in das Soldatenleben zur Zeit der Römer. Auch mit dem Rad ist der Limes dank modernem Kartenmaterial und sehr guter Beschilderung im wahrsten Sinne des Wortes „erfahrbar".

Bildnachweis

akg-images: S. 6 (Bildarchiv Monheim), S. 7, S. 16 Mitte l., S. 16 Mitte r., S. 17 (Bildarchiv Monheim), S. 18 Mitte l. (Schütze/Rodemann), S. 20 u. (Gilles Mermet), S. 22 u.r. (Bildarchiv Steffens), S. 24; Archäologisches Landesmuseum Baden-Württemberg, Foto: Y. Mühleis, S. 21 Mitte; Foto: M. Schreiner, S. 33; Badisches Landesmuseum Karlsruhe, Foto: Th. Goldschmidt, S. 11; W. Czysz: S. 10; Dr. F. Dießenbacher / Landesverband Rheinland, LVR-Archäologischer Park / LVR-RömerMuseum Xanten, S. 15 o; Landesarchäologie Mainz, S. 43 o. und Mitte; Ch. und B. Kunst, S. 16 u., 23. o.r.; Landesmuseum Württemberg, Stuttgart, Foto: O. Harl, S. 18 Mitte r.; Foto: H. Zwietasch, S. 32 o.; Foto: P. Frankenstein, H. Zwietasch, Umschlaginnenbild, S. 3, S. 4, S. 27, S. 29 o.r., S. 29 Mitte r., S. 34 u.l. und u.r., S. 36 o., S. 42 l., Karten: S. 2, S. 20 o., Lebensbilder: B. Clarys, Lovain-la-Neuve/Belgien, S. 13 o., S. 23 u.r., S. 28 o., S. 36 u., Grafik: D. Rothacher, Archaeoskop, S. 12 u., S. 14, S. 25 u., S. 26; I. Lubbersen, S. 18 o.; Landesamt für Denkmalpflege Stuttgart, Foto: M. N. Filgis, S. 22 o.r.; Gemeente Maastricht (NL), S. 5 Mitte; Rheinisches Landesmuseum Trier, Foto: W. Bosl, S. 40 u., U. Spieß, S. 5 u., H. Thörnig, S. 21 o., Th. Zühmer, S. 1, S. 13 u., S. 21 u., S. 25 o., S. 28 u.l., S. 28 u.r., S. 29 Mitte l., S. 29 u.r., S. 30, S. 31, S. 32 u., S. 34 o., S. 40 o. und Mitte, S. 41 o. und Mitte und u., S. 42, S. 43 u., Lebensbilder: L. Dahm, S. 19, S. 38, S. 39; P. Palm, Berlin: S. 8; Theiss Verlag / P. Palm, Berlin, S. 7 u.; Theiss Verlag / szenografie valentine koppenhöfer, Friedrichroda, S. 15 u. und 44; VEX.LEG.VIII.AUG, Foto: A+M Zimmermann www.legio8.de, S. 12 o.; wikimedia commons, S. 37 (Nino Barbieri).

Der Verlag dankt allen Museen und Institutionen für die Bereitschaft, Bildmaterial für diese Publikation zur Verfügung zu stellen. Leider war es nicht in allen Fällen möglich, die Inhaber der Urheberrechte zu ermitteln. Etwaige Ansprüche kann der Verlag bei Nachweis entgelten.